ペットボトルと空き容器で作る
レトロ家電とミニ雑貨

宮市稔子
Toshiko Miyaichi

Prologue

ある日、空のペットボトルの底を眺めていたら、
光が反射してキラキラと輝いて見えました。
その光景で、子供の頃の部屋にあった照明器具を思い出し、
フェルトと合わせるとかわいく作れるかも！
と、思ったのが作り始めたきっかけです。

炊飯器の模様に似たシールを見つけたとき、
ペットボトルを眺めていてガラスの形に見えたとき、
お鍋とふたの容器がぴったり合ったとき──、
思わず、「やった！」と言葉にしてしまう瞬間があります。
そんな楽しさも作品にちりばめました。

本書で紹介しているレトロな家電や雑貨は、
どれも昭和の台所や居間にあったものです。
眺めて楽しむだけでなく、実際に小物入れとしても使えるよう、
実物の1/3や1/6くらいのサイズになっています。

作品を見て、懐かしく感じられる方も多くいらっしゃるのではないでしょうか？
私は台所での祖母の後ろ姿を思い出します。
この本が、みなさまの懐かしい思い出を蘇らせ、心がポッと温まりますように。
さぁ、レトロでかわいい雑貨や家電を一緒に作ってみませんか？

宮市稔子

Contents

Part 1 レトロなブレンダー＆ミキサー ……………………… P004
  プロセス解説　ブレンダーD ………………………… P008
       ミキサーE …………………………… P012

Part 2 レトロな照明器具 ……………………………………… P015
  プロセス解説　ミルクガラスの照明B ……………… P022
       ガラスの照明H ……………………… P023
       ホーローの照明C …………………… P024
       昭和レトロな照明C ………………… P056

Part 3 レトロなキッチン雑貨 ………………………………… P025
  プロセス解説　両手鍋 ………………………………… P028
       食パンケース ………………………… P032
       タッパーB …………………………… P033
       ポット ………………………………… P038
       炊飯器 ………………………………… P039
       フォーク ……………………………… P042

Part 4 レトロなお針箱 ………………………………………… P043
  プロセス解説　昭和レトロな裁縫箱A ……………… P048
       アンティークなソーイングボックスA …… P051

作り始める前に知っておきたいこと ……………………………… P054
作品の作り方＆実物大型紙 ………………………………………… P057

この本の決まりごと＆お願い

☆特に記載のない数字の単位は㎝です。
☆材料表記は全て縦×横です。
☆使用する容器やカットのしかたによってサイズが微妙に変わることがあります。
　外側に貼るフェルトやミラーペーパーなどは大きめにカットしておき、貼ってから容器に合わせてカットし、形を整えるときれいに仕上がります。
☆実物大型紙がないものは、お使いの容器に合わせて型紙をお作りください。
☆容器のカットなどの際、カッターやハサミで手を切らないように十分お気をつけください。

Part 1
レトロなブレンダー＆ミキサー

ブレンダー

1950年頃のブレンダーのデザインで作りました。
500mlのペットボトルを利用し、ふたや取っ手をつけて本体に、
土台部分は厚紙を使って作製。
光が当たると、ペットボトルそれぞれの模様が、
本物のガラスのカットのようにキラキラとして見えます。
四角いボタンは実際に押せるようにし、
丸いつまみは回して遊ぶこともできますよ。

| How to make |

AB：参考作品
CD：8ページ
EF：58ページ

| でき上がり |

AB：各約縦11×横8×高さ21.5cm
CD：各約縦10.5×横8×高さ20.5cm
EF：各約縦11×横8.2×高さ20.5cm

• BLENDER •

ブレンダーの文字は印刷可能なシールに文字をプリントし、本体に貼っている。ボタンは厚紙にフェルトを5枚重ねて立体的に。厚紙の下にワイヤーで作ったスプリングをつけ、押しても戻る仕組みに。ボトルのふたが開くので、輪ゴムなどの収納に利用しても。

Part1 レトロなブレンダー＆ミキサー

ミキサー

昭和30年代によく見かけたミキサーの形や色を使って。
ペットボトルは200mlの容器をそのまま利用し、
両端のミニサイズは、実際の塩やコショウの容器に合わせて
土台やふたを作りました。
それぞれの土台は全て紙コップにフェルトを貼っています。
ペットボトルの中にパスタや砂糖を入れて
キッチンにディスプレイしてもかわいいですね。

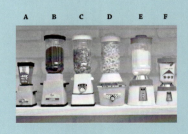

| How to make |
A：65ページ
BC：64ページ
DF：62ページ
E：12ページ

| でき上がり |
A：約縦5×横5×高さ13.5cm
BC：各約縦6.5×横6.5×高さ20.5cm
DE：各約直径7.5×高さ20.5cm
F：約直径6×高さ13.5cm

• MIXER •

ペットボトルはそのまま使っているので、細かなものを入れてもこぼれることなく安心。
フェルトの色を変えたり、ラベルのデザインを変えたりして、オリジナルのミキサーを作っても楽しい。

Part1 レトロなブレンダー&ミキサー

• BLENDER •

ブレンダーDの作り方
〔P004〕

材料

ペットボトル500mℓ（ボトル用）、500mℓまたは250mℓ（ふた用）各1本、フェルト（緑、ベージュ、黒、白、えんじ）、1mm厚厚紙、ミラーペーパー、アルミホイル、1cm径透明ホース10cm、0.55mm径針金（ステンレス）1m、1mm径針金（アルミ）11.5cm、0.5cm径ストロー1本、0.6cm径ストロー1本、シール、箸（0.5〜0.6cm径の丸みのあるもの）。

実物大型紙はP076

〔 土台を作ります 〕

01 土台用の厚紙を用意する。

02 側面の厚紙をカーブするように手で型をつける。

03 上部にボンドをつけ、側面と貼り合わせる。ボンドが乾くまでマスキングテープで固定しておく。

04 下部も同様にボンドで貼り、上部が凹まないよう中に支えの厚紙を入れる（分量外）。

05 前面もボンドで貼ったら、側面・上部・前面にミラーペーパー、底にフェルト（緑）を貼る。

06 厚紙からはみ出た部分はハサミでカットし、形を整える。

〔 ボタン台を作ります 〕

01 ボタン台の厚紙を用意する。

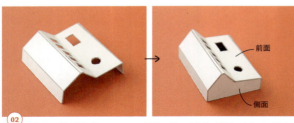

02 前面の折り山部分にカッターで軽く切り込みを入れ、側面に合わせて折る。側面と前面をボンドで貼る。谷折り部分は裏側に切り込みを入れる。

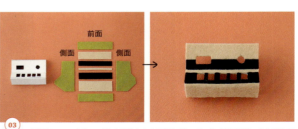

03 前面のフェルト（ベージュと黒）を上から順に貼っていく。前面を貼ったところでフェルトにもボタン穴をカッターであける。

• BLENDER •

④ 側面のフェルトの前面側は厚紙よりも1mm大きく残してカットする。

前面のフェルトが少し足りなくても底を貼るので大丈夫。

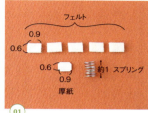

⑤ 側面を貼ったあとに上下のフェルト（緑）を貼る。上下も側面と同様に1mm大きくカットする。

〔 ボタンを作ります 〕

① フェルト、厚紙、スプリングを用意する。厚紙は角を少しカットする。えんじのボタンは0.8×1.4cm。

……………… スプリングは祝い箸に巻きつけて作る ………………

② 上からフェルト、厚紙、スプリングの順にボンドで貼る。白は5個、えんじのボタン1個も同様に作る。

0.55mm径針金を箸に巻きつける。最初はペンチで内側にクルッと丸める。6〜7巻きずつでカットする。

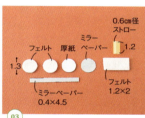

③ 丸つまみボタンはフェルト、厚紙、ミラーペーパー、ストローを用紙する。

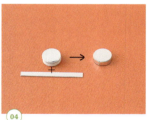

④ 下からフェルト、厚紙、ミラーペーパーの順に重ね、周囲にミラーペーパーを貼る。

⑤ ストローにフェルトをボンドで貼る。その周囲にセロハンテープを1周巻き、④にボンドで貼る。

⑥ ボタン台中面の型紙を用意する。

⑦ 前面の折り山に軽くカッターで切り込みを入れて側面に合わせて折り、ボンドで貼る。後ろ面に支えの厚紙を貼る。

⑧ ⑦の厚紙をボタン台にはめ込んでボタン穴の印をつける。

⑨ 印をつけた部分にスプリングボタンをボンドで貼る。

⑩ ボタン台に⑨をはめ込み、丸つまみボタンを差し込む。

• BLENDER •

〔 ボトル用土台と足を作ります 〕

01 底と側面の厚紙をボンドで貼り、フェルトを貼ってボトル用土台を作る。

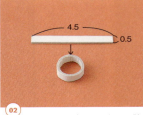
02 足は厚紙を丸くしてボンドで貼り、セロハンテープでとめる。

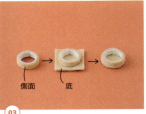
03 側面にフェルトを貼ってから底のフェルトを貼って周囲をカットする。4個作る。

〔 土台をまとめます 〕 **〔 ボトル部分を作ります 〕**

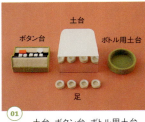
01 土台、ボタン台、ボトル用土台、足を貼り合わせる。

02 ボトル用土台は土台上面の中央に、足は底の四隅に貼る。

01 500mlのペットボトルを11cmにカットする。

02 持ち手をつける部分にキリで穴をあける。

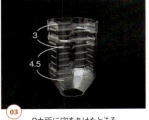
03 2カ所に穴をあけたところ。

04 ホースに1mm径アルミ針金を通し、針金部分を穴に差し込む。

05 針金の先端を曲げて固定する。

06 反対側も同様に針金を曲げて固定する。

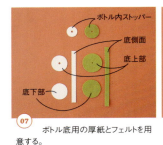
07 ボトル底用の厚紙とフェルトを用意する。

08 底上部と側面の厚紙をボンドで貼り、その上にフェルトを貼る。フェルトが大きい場合は貼ってからカットする。

09 ボトル内ストッパーの厚紙とフェルトをボンドで貼る。

10 ボンドをつけたストッパーに祝い箸を刺し、ボトルに入れる。そのままボトル底に差し込み貼り合わせる。

• BLENDER •

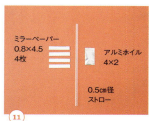
⑪ 刃用のミラーペーパー、ストロー、アルミホイルを用意する。

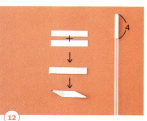
⑫ ミラーペーパー2枚をボンドで貼り、刃の部分をギザギザにカットする。ストローの先にアルミホイルをボンドで貼る。

⑬ 折り線で折る。2枚作る。

⑭ 刃を写真のように貼り合わせ、アルミホイルを巻いたストローにボンドで貼る。

⑮ 刃をボトルに差し込む。底から出たストローをカットする。

⑯ ストローの先端に切り込みを入れて開き、セロハンテープでとめる。

⑰ ボトル底に下部の厚紙、フェルトの順にボンドで貼って、ふたをする。

⑱ ふた用のペットボトルの飲み口と底をカットする。

⑲ 底が山になるほうを上にして飲み口にボンドで貼る。

⑳ ふた用のフェルトと厚紙を用意する。

Point 長さの決め方
側面はボトルの口の内側に沿わせ、長さを合わせてカットする。

㉑ ふたの厚紙をフェルト2枚で挟んでボンドで貼り、側面を貼る。ボトルの口をふたに当てながら側面を貼る位置を決める。

㉒ ふたに⑲を差し込む。

\ でき上がり /
プリントしたシールを貼ったら完成。

ブレンダーC
ブレンダーCはボタン台以外の作り方は同じ。形や色を変えてアレンジを楽しんでください。ボタン台の型紙はP077参照。

• MIXER •
ミキサーEの作り方
〔P006〕

材料
ペットボトル200ml1本、ペットボトルのふた1個、紙コップ325ml1個、フェルト（白、ピンク）、0.58mm厚厚紙、アルミテープ、アルミシート、2mm径針金（アルミ）22.5cm、竹串、直径0.5cmビーズ（シルバー）2個、0.5cm径丸カン2個、ビニールテープ（黒）、飾り用シール。

実物大型紙はP075

〔 本体を作ります 〕

01 紙コップを口から7cmでカットする。カッターで粗くカットしてからハサミでカットする。

02 紙コップの周囲に貼るフェルトをカットする。

Point 型紙の作り方
同様にして高さ5cmにカットした紙コップを用意し、切り開いて型紙にする。

03 紙コップにフェルトをボンドで貼る。

04 フェルトは突き合わせにし、余分はカットする。

05 針金を紙コップに沿わせて丸く輪にし、ボンドでとめる。

06 ボンドが乾いたら、丸めた針金を紙コップに貼る。

07 紙コップの切り口に合わせて厚紙の型を取り、中央に穴をあける。穴はペットボトルのふたよりひと回り大きくカットする。

08 厚紙を紙コップにボンドで貼る。

Point 形の整え方

紙コップからはみ出した厚紙はカットする。

· MIXER ·

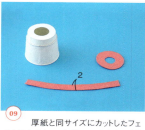
⑨ 厚紙と同サイズにカットしたフェルトの中央にペットボトルのふたより小さめの穴をあけておく。側面のフェルトは⑫と同様にしてカットする。

⑩ 側面とふたのフェルトを紙コップにボンドで貼る。

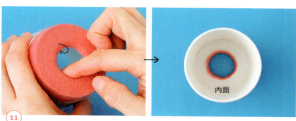
⑪ 中央の余分なフェルトを裏側に折り返してボンドで貼る。

⑫ 入れ口の厚紙とアルミシートを用意する。

⑬ 厚紙を突き合わせで輪にしてボンドで貼り、内側に補強用の厚紙を当ててセロハンテープでとめる。

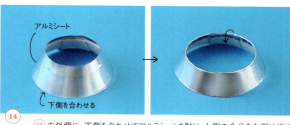
⑭ ⑬の外側に、下側を合わせてアルミシートを貼り、上側の余分を内側に折り返す。

〔 ラベルを作ります 〕　Point

⑮ 折り代に切り込みを入れておくと折り返しやすい。

⑯ 入れ口を⑪の中央にボンドで貼る。

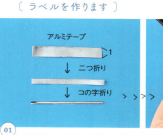
① 枠用のアルミテープを二つ折りにし、さらにコの字に折る。

きれいな折り方
定規の側面に沿わせて折ると折りやすい。

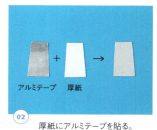
② 厚紙にアルミテープを貼る。

③ ②の周囲に枠をボンドで貼る。

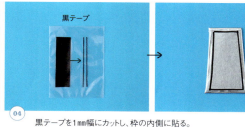
④ 黒テープを1mm幅にカットし、枠の内側に貼る。

• MIXER •

05 ラベルにキリで穴をあける。竹串が入るくらいの大きさの穴にする。

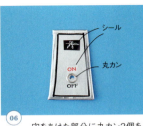
06 穴をあけた部分に丸カン2個を重ねてボンドで貼り、シールを貼る。

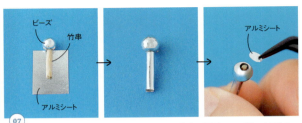
07 竹串を1.5cmにカットし、ビーズに差し込む。竹串の周囲にアルミシートを貼る。ビーズの穴をふさぐように丸くカットしたアルミシートを貼ってスイッチを作る。

08 本体にラベルをボンドで貼り、本体にも穴をあける。

09 穴をあけた部分にスイッチを差し込む。

10 通した竹串の先にボンドをつけ、ビーズをつける。

〔 ふたを作ります 〕

11 本体の底に合わせてカットした厚紙（内径に合わせる）とフェルト（外径に合わせる）を貼る。

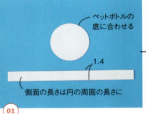
01 ペットボトルの底に合わせてカットした厚紙に側面を貼る。※側面の貼り方はP008の 02 03 を参照。

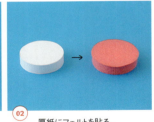
02 厚紙にフェルトを貼る。

03 ペットボトルのふたを高さ0.7cmにカットする。

Point カットのしかた
ハサミで斜めにカットしながら高さをそろえる。

04 ふたのサイズに合わせてフェルトをカットしてボンドで貼り、02 の中央に貼る。

＼ でき上がり ／
土台にペットボトルを差し込み、ふたをかぶせたら完成。

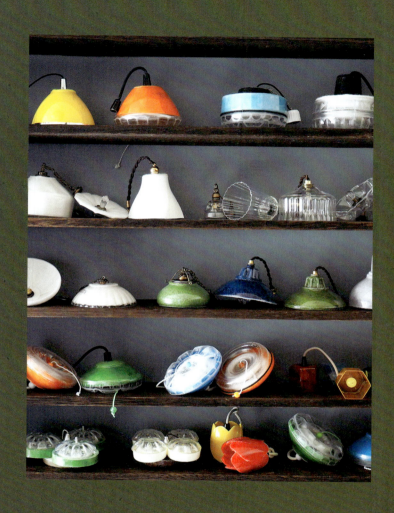

Part 2
レトロな照明器具

H:4cm

GLASS & MILK GLASS LIGHTING

ミルクガラスの質感は白いフェルトで出して。ペットボトルに入っている数字や文字がリアル感をよりアップさせてくれます。
電球にするビーズはアクリルビーズがおすすめ。くさり部分はネックレスチェーンやヘアゴム、キーホルダーのくさりを利用。

H:5.5cm

ホーロー照明

1940年代のエナメルやスチール製の
かっこいいペンダントライトを集めました。
実在する照明の1/6のサイズで製作し、
くさりには磁石を入れているので、好きな所にくっつけられます。
フェルトをペットボトルの内側に貼って質感を出していますが、
表側に写るボンドの少しまだらな感じが
さらにホーローの雰囲気を醸し出してくれます。

| How to make |

C：24ページ
その他：参考作品

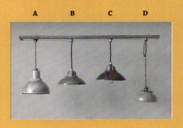

A　B　C　D

| でき上がり |

A：約直径6×高さ5.5cm
B：約直径6.3×高さ3cm
C：約直径6.5×高さ4cm
D：約直径5×高さ2cm

· ENAMEL LIGHTING ·

ブルーとグレーの照明は100均のライトを入れているので、実際に電気がつくようになっている。
ペットボトルの上部の丸みを利用し、卵のパックも組み合わせて。細いフェルトを上から貼って、容器のつなぎ目を隠している。

昭和レトロな照明

昭和30年頃、リビングや子供部屋、
喫茶店などでよく使われていた照明は、
ペットボトルの上部と底を組み合わせて笠を製作。
笠の不透明な質感は、ヤスリをかけて出しました。
写真上中央のチューリップ形の照明は、
ペットボトル側面のカーブを利用し、内側にフェルトを貼って。
写真中右の六角形は、お菓子のラムネの容器で製作しています。

| How to make |

C：56ページ
その他：参考作品

A B C D E F

| でき上がり |

A〜F：各約直径6〜6.5×高さ3cm

· SHOWA RETRO LIGHTING ·

照明の中に入っている蛍光灯も、ワイヤーとフェルトで製作。ペットボトルのふたのまわりに花びらを貼りつけてチューリップ形に。同じ形をいくつか作ってつなげれば、三連や四連の照明も作れます。くさりが下がっている中央はボールペン本体の先端を利用。

• MILK GLASS LIGHTING •
ミルクガラスの照明Bの作り方
〔P016〕

材料
ペットボトル500ml1本（縦に筋があるもの）、フェルト（白）、長さ1.8cmしずく形ビーズ1個、直径0.7cmウッドビーズ1個、9ピン2本、長さ18cmチェーン1本、0.9cm径ドットボタン1個、0.4cm径ハトメ1個、1cm径花座1個、ワニグチ1個、0.5cm径強力マグネット1個。
※フェルトは容器に合わせて型紙を作る。

〔 本体を作ります 〕

01 ペットボトルの上部を直径約6.5cmの所でカットし、高さ3cmにカットする。

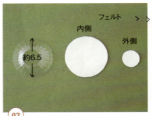

02 カットしたペットボトルに貼るフェルトを2枚用意する。

Point 型紙の作り方

フェルトの型紙はペットボトルの内側に紙を入れて型紙を作る。

03 内側にフェルトをボンドで貼り、上部に外側のフェルトを貼る。

〔 くさりを作ります 〕

04 ドットボタンにビーズをボンドで貼り、電球部分を作る。

05 電球を03の内側中央にボンドで貼る。

01 花座にウッドビーズをボンドで貼り、9ピンを差し込む。

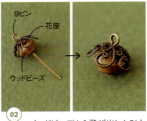

02 ウッドビーズから飛び出した9ピンをニッパーでカットし、ボンドでとめる。

\ でき上がり /

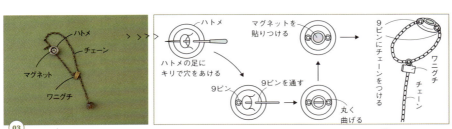

03 ハトメにキリで穴をあけ、9ピンを通す。9ピンにチェーンを通してワニグチをボンドでとめ、チェーンの先に02をボンドでつける。ハトメにマグネットをボンドでつける。

ウッドビーズを本体にボンドで貼る。

• GLASS LIGHTING •
ガラスの照明Hの作り方
〔P016〕

材料

ペットボトル500㎖1本（縦に筋があるもの）、長さ3.3cmしずく形ビーズ1個、0.8cm径ハトメ1個、0.4cm径ハトメ1個、金キャップ1個、ヘアゴム18cm、0.5cm径強力マグネット1個、フェルトの端ぎれ。

〔 本体を作ります 〕

01 0.4cm径ハトメにビーズをボンドで貼り、電球部分を作る。

02 ペットボトルを縦模様の部分から下をカットし、底側直径約6cm、高さ2.8cmでカットする。残った部分の底もカットする。

03 02に底の凸部分を上にして接着剤で貼る。

04 03の内側中央に01を接着剤で貼る。

〔 くさりを作ります 〕

01 ヘアゴムをねじって金キャップに差し込んで結ぶ。結び目は金キャップの中に隠す。

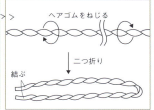

Point ヘアゴムを両端から違う方向へねじって二つ折りにして結ぶ。

02 金キャップの内側半分くらいにフェルトの端ぎれを入れてボンドでとめ、マグネットを入れる。

\ でき上がり /

03 上からフェルトをかぶせてボンドでとめる。

04 本体の上面中央に0.8cm径ハトメをボンドで貼り、ハトメの中にヘアゴムを差し込んでボンドでとめる。

ペットボトルの形を変えて、いろいろな形を作ってみてください。

• ENAMEL LIGHTING •

ホーローの照明Cの作り方
〔P018〕

〔 本体を作ります 〕

材料

ペットボトル1.5ℓ1本（上部に丸みのあるもの）、卵のパック、フェルト（白、青）、1mm厚厚紙、0.8cm径ハトメ2個、0.4cm径ハトメ1個、直径1.2cmアクリルビーズ1個、ヘアゴム18cm、0.5cm径強力マグネット1個、100均のライト。
※フェルトは容器に合わせて型紙を作る。

01　ペットボトルの上部を直径約6.5cm、高さ2cmに、卵のパックを高さ2cmにカットする。内側に貼るフェルトを用意する。※フェルトの型紙の作り方はP022の02参照。

02　それぞれ内側にフェルトを貼る。ボンドのムラが質感となる。

03　ペットボトルの穴の部分に貼ったフェルトをカットする。つなぎ目を隠すフェルトを用意する。

04　卵のパックをペットボトルの穴に差し込んでボンドで貼り、つなぎ目部分にフェルトを貼る。

05　ライトの中身を取り出す。

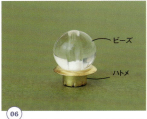

06　0.8cm径ハトメにビーズをボンドで貼る。

07　06を05で取り出したライトにボンドで貼る。ストッパーの厚紙を用意する。

08　ライトを厚紙に差し込み、04に入れて電気がつくか確認する。つかない場合はフェルトの端ぎれを中に詰めてつくように調整する。

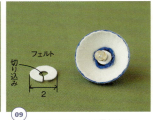

09　目隠しのフェルトを用紙する。

〔 くさりを作ります 〕

10　09のフェルトを内側に貼る。

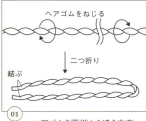

01　ヘアゴムを両端から違う方向へねじって二つ折りにして結ぶ。

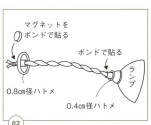

02　ヘアゴムの両端にハトメを通してボンドで貼り、0.8cm径ハトメ側にマグネットを貼る。

\ でき上がり /

0.4cm径ハトメ側を本体にボンドで貼る。

Part 3

レトロなキッチン雑貨

H:7cm

昭和レトロなキッチン雑貨

懐かしく、にぎやかで、楽しげな食卓が思い出される
ポップで明るいキッチン雑貨たち。
ゼリーの容器を使ってお鍋に、お豆腐の容器でタッパーに、
シャンプーのキャップにシールを貼ってレトロなグラスに──。
キッチンツールは100均のアルミ板やシールを使って作っています。
調味料入れや食器収納棚、ザルなども並べたら、
ミニキッチンのでき上がりです。

| How to make |

A：29ページ
B：28ページ
C〜E：70・71ページ
F：66ページ
G：68ページ
その他：参考作品

| でき上がり |

A：約直径7.2×高さ6cm
B：約直径8.5×高さ7cm
C：約底直径3.2×高さ4cm
D：約直径4.5×高さ2cm
E：各長さ約6.5〜10cm
F：約縦5.8×横11.2×高さ6.2cm
G：約縦9×横11×高さ7.5cm

• SHOWA RETRO KITCHEN ACCESSORIES •

ロール式の食器収納棚は、1.5ℓのペットボトルの側面を利用して。実際に開けられるので収納ケースとしても使える。
鍋を作る際は、本体とふたがぴったり合うようにふたのサイズを調整して。白いボウルはアイスの容器で、さびの質感は絵の具で出している。

• SHOWA RETRO KITCHEN ACCESSORIES •

両手鍋の作り方
〔P026〕

材料
ゼリーの容器(本体用底直径約5cm、入れ口直径約9.5cm)1個、ドーム形の容器(ふた用ケーキなどのふた約直径9cm)1個、綿棒の容器のふた(直径約7.8cm)1個、フェルト(白、オレンジ色、黒)、直径2.5cmくるみボタン1個、アルミテープ、0.58mm厚厚紙、ミラーペーパー、飾りシール。
※本体とふたは容器に合わせて型紙を作る。

取っ手の実物大型紙はP074

〔 本体を作ります 〕

01 ゼリーの容器の縁を直径8.5cmにカットする。

02 底に合わせてざっくりフェルトをカットする。

03 カットしたフェルトを底にボンドで貼り、底の形に合わせてきれいにカットする。

04 側面にフェルトをボンドで貼る。

05 側面の形に合わせて余分なフェルトをカットする。

06 取っ手用のフェルト1枚に厚紙をボンドで貼り、さらにフェルト2枚を重ねて貼る。2個作る。

07 ミラーペーパーを折り線の通りに折ってボンドで貼り、支えを2個作る。

〔 ふたを作ります 〕

Point

08 アルミテープ(0.3cm幅)で入れ口を挟んで貼る。支えと取っ手を本体にボンドで貼り、飾りのシールを側面に貼る。

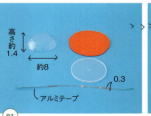

01 ドーム形の容器のふたを直径約8cm、高さ約1.4cmにカットする。ドームに貼るフェルト、綿棒のふた外周分のアルミテープ(0.3cm幅)を用意する。

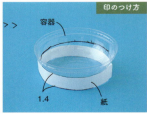

印のつけ方
1.4cm幅の紙を輪にし、その中に容器を置いて高さの印をつける。

028

• SHOWA RETRO KITCHEN ACCESSORIES •

② ドームの外側にフェルトをボンドで貼り、綿棒のふたの縁をアルミテープで挟んで貼る。

③ くるみボタンを作る。

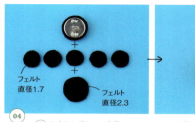
④ ③のくるみボタンに直径1.7cmのフェルト5枚、直径2.3cmのフェルト1枚を重ねて貼り、つまみを作る。

\ でき上がり /

⑤ ②のドームと綿棒のふたをはめ込み、中央につまみを貼る。

サイズの合う容器を探して作ってください。

片手鍋の取っ手の場合は

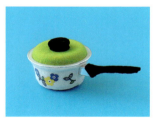
片手鍋の場合は容器に穴をあけて取っ手を取りつけます。

材料
ゼリーの容器(本体用底直径約5.7cm、入れ口直径約7.5cm)1個、ゼリーの容器(ふた用底直径約5.5cm、入れ口直径約7cm)1個、フェルト(白、黄緑、黒)、0.58mm厚厚紙、直径2.2cmくるみボタン1個、アルミテープ、ミラーペーパー、飾りシール。
※本体とふたは容器に合わせて型紙を作る。

取っ手の実物大型紙はP074

〔 取っ手の作り方 〕

① ミラーペーパーをカットする。

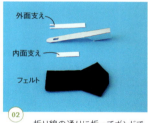
② 折り線の通りに折ってボンドで貼る。支えの厚紙とフェルトもカットする。

③ 取っ手の外面、内面に支えをボンドで貼る。

④ 取っ手にフェルトをボンドで貼る。ミラーペーパーの端から0.5cmに切り込みを入れる。

⑤ 容器に縦1×横0.8cmの穴をあけ、取っ手を差し込んでボンドで貼る。
※実際は容器の外側にフェルトを貼ってから穴をあける。

⑥ 内側に目隠しのフェルトを貼る。

タッパー＆トレイ

誰もが一度は見たことがあるタッパーやホーロートレイ。
お豆腐の容器やお菓子の空き箱を利用して作りました。
容器のサイズに合わせてふたの型紙を作るので、
自宅にある容器でもアレンジして作りやすいアイテムです。
食器棚に並んで入っていたように、さまざまなサイズを並べてみてください。

| How to make |

A：32ページ
B：33ページ
C（丸形）：57ページ
その他：参考作品

| でき上がり |

A：（大）約縦5.5×横9.5×高さ5.5cm、（小）約縦5×横7.5×高さ5cm
B：各約直径5.5×高さ4cm

• TUPPER & TRAY •

リアル感をより出すには、ふたの枠を二重、三重に重ねるなど、細かな部分がいちばん重要。
ベビーチョコの容器を好みの高さでカットし、ふたにフェルトを貼って。どれも実際に小物を入れて収納もできるので、実用性も◎

• TUPPER & TRAY •
食パンケースの作り方
〔P030〕

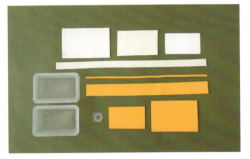

材料
豆腐の容器（約縦5.5×横11×高さ4cm）2個、フェルト（白、黄土色）、0.58mm厚厚紙、飾りシール。
※フェルトは容器に合わせて型紙を作る。

〔 本体を作ります 〕

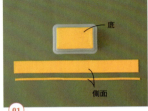

01 豆腐の容器の底にフェルトをボンドで貼る。側面のフェルトは段差ごとに用意する。

02 側面のフェルトをボンドで貼る。

Point 角にすき間ができたら、ボンドを足してフェルトを上から押さえてくっつける。

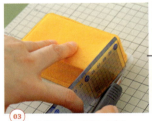

03 上部の両サイドをカットする。

04 縁のフェルトを貼る。フェルトは容器より少し大きめにする。

05 内側をくりぬく。最初粗めにカットしてから、縁に沿ってきれいにカットする。

〔 ふたを作ります 〕

06 縁の外側をカットする。容器の縁より0.1cm大きくカット、両サイドのカットした部分は容器に合わせてカットする。

07 側面にシールを貼る。

01 豆腐の容器を入れ口から1cmでカットする。

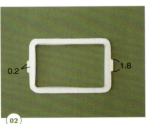

02 ふたの縁の外側にフェルトを貼る（縁の貼り方は本体の 04 を参照）。両脇の中央1.8cmは0.2cm出してカットする。

• TUPPER & TRAY •

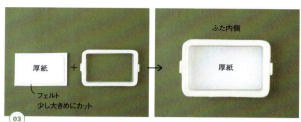

03 ふたの上部に合わせてカットした厚紙にフェルトを貼り、02にボンドで貼る。はみ出たフェルトはカットする。

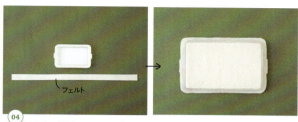

04 ふたの側面にフェルトを貼る。フェルトは側面の幅と長さに合わせて準備する。はみ出た部分はカットして形を整える。

\ でき上がり /

手持ちの容器に合わせて型紙を取れば、さまざまな形が作れる。

小の場合は

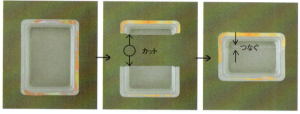

好みのサイズの容器がなければ、容器をカットしてセロハンテープで貼って好きなサイズを作ればOK。ふたも同様にカットしてつなげて作る。

タッパーBの作り方
〔P030〕

ふた上部の実物大型紙はP057

材料
ドリンクの容器（底直径約4.8cm）1個、フェルト（緑）、0.58mm厚厚紙、飾りシール。
※ふた、側面、底のフェルトは容器に合わせて型紙を作る。

〔 本体を作ります 〕

容器を底から3cmでカットし、底と側面にフェルトを貼る。

〔 ふたを作ります 〕

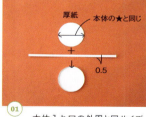

01 本体入れ口の外周と同サイズの円と側面の厚紙を用意する。側面の幅中央にふたを貼る。

02 片面にフェルトを貼り、模様のフェルト（三角22枚、円1枚）を用意する。

03 三角のフェルトを少しずつずらして貼る。足りない場合は枚数を増やし、多い場合は減らしてOK。

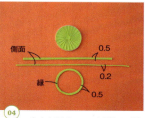

04 中央に円のフェルトを貼る。側面と縁のフェルトを準備する。

\ でき上がり /

ふたの側面に0.5cm幅、0.2cm幅の順にフェルトを貼り、縁をふた上部に貼る。本体側面に飾りのシールを貼る。

ガラス木箱＆ガラス食器

H:10.5cm

ペットボトルの底をカットしただけで
ガラスの食器に見えるのに驚きました。
光を浴びるとさらにキラキラと光って本物のガラスのようです。
カラーの食器は洗剤やラムネの容器を利用しています。
ガラス木箱は厚紙とフェルト、ガラス部分はプラ板を使って。
スプーンやフォークはアルミシールの本体＋フェルト、
そこにネイルアート用のシールをあしらいました。

| How to make |

A：72ページ
B：42ページ
その他：参考作品

| でき上がり |

A：約縦10.5×横15×高さ3.2cm
B：各長さ約3.5〜4cm

• GLASS WOODEN BOX & GLASS TABLEWARE •

小さな食器は、写真撮影のスタイリングにもお役立ち。お天気のいい日に太陽の光とともに撮影すれば、インスタ映えも間違いなし！
レースや小さなチャームなどと飾って、ショップのようなおしゃれなディスプレイを楽しんで。

炊飯器＆ポット

おばあちゃんちのちゃぶ台を思い出させるような、
花柄模様が特徴の炊飯器とポットのセット。
炊飯器は缶詰、ポットはジュースの容器を本体に使っています。
スイッチやボタン、コンセントまで、リアル感を追求してデザイン。
こんな小物入れがテーブルにあったら、
思わず「懐かしい！」と声が上がりそう！

| How to make |
A：38ページ
B：39ページ

| でき上がり |
A：約底直径5.8×高さ11.5cm
B：約底直径8.5×高さ8.5cm

• RICE COOKER & POT •

炊飯器のふたは缶詰のふたをそのまま使用。つなぎ部分のストローと9ピンの組み合わせで、ふたの開閉もスムーズ。
フェルトの色を変えれば、違った雰囲気の仕上がりに。ミルクやお砂糖を入れてテーブルにスタンバイすれば、楽しいティータイムに。

• POT •

ポットの作り方
〔P36〕

材料
ドリンクの容器(フルーツサワー)1個、フェルト(白、黒、グレー)、0.58mm厚厚紙、ミラーペーパー、飾りシール。
※本体側面と底は容器に合わせて型紙を作る。

パーツの実物大型紙はP075

〔 本体を作ります 〕　　　　　Point

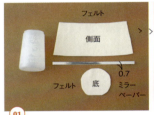

01 容器のまわりに貼るフェルトとミラーペーパーを用意する。

02 コピー用紙を容器のまわりに巻いて折り線をつける。

入れ口と底の線を描く。

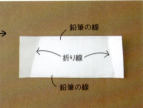

折り線と鉛筆で描いた線が容器の周囲の型紙になる。

02 容器の飲み口の縁を少しをカットする。

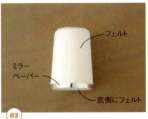

03 底にフェルトをボンドで貼り、側面のミラーペーパー、フェルトを貼る。

04 取っ手の厚紙を用意し、ボンドで貼る。

05 04にフェルトを貼る。取っ手のフェルトは厚紙より少し大きめにカットし、はみ出た部分はカットする。外面・内面はつなげて1枚で裁つ。

06 口のミラーペーパーをボンドで貼り合わせる。

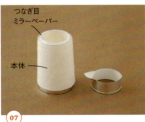

07 つなぎ目のミラーペーパーを本体の入れ口にボンドで貼る。

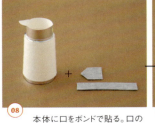

08 本体に口をボンドで貼る。口の内側に貼るフェルトを用意する。フェルトはミラーペーパーより大きめに用意し、貼ってからカットする。

09 口の内側にフェルトをボンドで貼り、取っ手を貼る。

• POT •

〔 ふたを作ります 〕

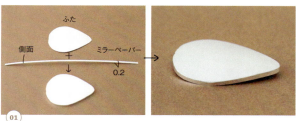

01　ふたのミラーペーパーに側面をボンドで貼る。側面はふたの周囲の長さにする。

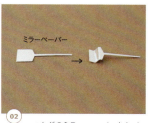

02　つなぎのミラーペーパーをカットし、折り線の通りに折る。

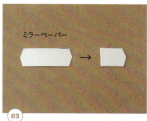

03　押さえのミラーペーパーを二つ折りにしてボンドで貼る。

\ でき上がり /

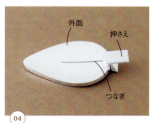

04　ふたの外面につなぎと押さえを貼り、内面にフェルトを貼る。

つなぎの折り目を取っ手に沿わせてボンドで貼る。側面に飾りのシールを貼る。

• RICE COOKER •

炊飯器の作り方
〔P036〕

パーツの実物大型紙はP074

(材料) 缶詰の缶（パイン缶約直径8.4×高さ5.5cm）1個、セロハンテープの芯（直径約8.2cm）1個、フェルト（白、黒、グレー）、0.58mm厚紙、ミラーペーパー、0.4cm径ストロー1本、アルミシート、アルミテープ、ビニールテープ（グレー）、0.5cm厚スチール板5cm角、9ピン1本、テープ（赤、黒）、飾りシール。※本体とふたは容器に合わせて型紙を作る。※缶の口で手を切らないように注意してください。

〔 本体を作ります 〕

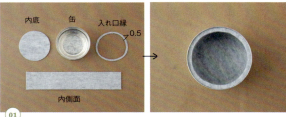

01　缶のサイズに合わせて内底、内側面、入れ口の縁のフェルトを用意し、ボンドで貼る。

02　01の底にセロハンテープの芯をボンドで貼る。芯の側面のサイズに合わせてフェルト（黒）を用意し、貼る。底側にフェルト（白）を貼る。

03　缶の側面に合わせてカットしたフェルト（白）を用意する。

• RICE COOKER •

〔 ふたを作ります 〕

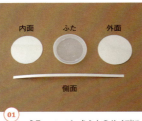
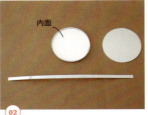

04 03のフェルトを側面にボンドで貼る。
01 ミラーペーパーをふたのサイズに合わせてカットする。
02 内面のミラーペーパーをふたの内側に入れる。
03 外面と側面のミラーペーパーもボンドで貼る。

〔 スイッチを作ります 〕

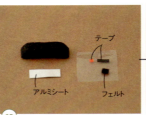

01 厚紙をボンドで貼ってスイッチを作る。
02 01の周囲にフェルトを貼り、アルミシート、テープ、フェルトを貼る。

〔 取っ手を作ります 〕

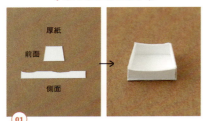
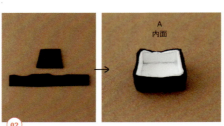

01 Aの厚紙をボンドで貼る。
02 01の周囲にフェルトを貼る。

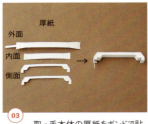

03 取っ手本体の厚紙をボンドで貼る。
04 03の周囲にフェルトを貼る。フェルトはざっくりカットしておき、厚紙に貼ってから形を整える。
05 つなぎ目部分にカーブをつける。つなぎ目用のストロー0.4cmを用意する。
06 取っ手本体のつなぎ目でストローをくるんでボンドで貼る。

• RICE COOKER •

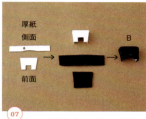

⑦ Bの厚紙をボンドで貼る。外側にフェルトを貼る。

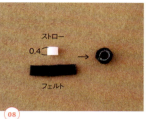

⑧ Bのつなぎ目用のストロー0.4cmにフェルトを巻いてボンドで貼る。2個作る。

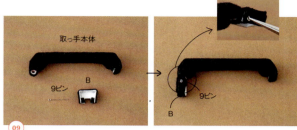

⑨ 取っ手本体にBを9ピンでとめる。ストローに9ピンを通し、反対側はペンチで丸くし、余分はカットする。

〔 コードを作ります 〕

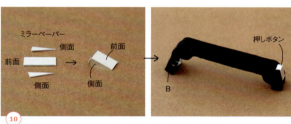

⑩ 押しボタンをミラーペーパーで作り、取っ手にボンドで貼る。

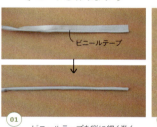

① ビニールテープを縦に細く巻く。

② 好みの長さにして束ねる。

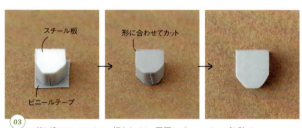

③ 差し込み口のスチール板をカットし、周囲にビニールテープを貼る。

④ アルミテープを五重に折ってカットする。0.6×0.4cmサイズを2個作る。

⑤ ③の側面に切り込みを入れ、④を差し込む。

〔 まとめます 〕

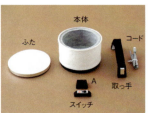

各パーツが完成したら、ふたに取っ手をボンドで貼り、本体にBを貼る。

\ でき上がり /

取っ手に合わせて本体にA、本体正面にスイッチをボンドで貼る。コードをBの穴部分に差し込んでボンドでとめる。

Part3 レトロなキッチン雑貨 041

• CUTLERY •
フォーク(小)の作り方
〔P034〕

材料 アルミテープ、フェルト(黒)、飾りシール

実物大型紙

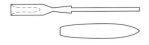

※細いので、少し太めにカットしてあとで調整しながら形を整えると作りやすい。

01 アルミテープ2枚を合わせて貼る。

02 01の柄の部分をフェルトで挟んでボンドで貼る。

03 フェルトをバランスよくカットし、中央に飾りのシールを貼る。

04 形を整える。シールはネイルアート用のシールを使用。

そのほかのカトラリーも作り方は同じです。

実物大型紙

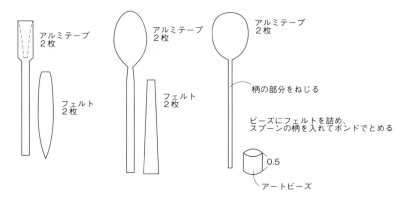

<フォーク・大> アルミテープ2枚 / フェルト2枚

<スプーン・大> アルミテープ2枚 / フェルト2枚

<ねじりスプーン> アルミテープ2枚 / 柄の部分をねじる / ビーズにフェルトを詰め、スプーンの柄を入れてボンドでとめる / 0.5 アートビーズ

Part 4

レトロなお針箱

昭和レトロな裁縫箱

W:9.5cm

昭和30〜40年代のお裁縫箱。当時は海外へも輸出されるほど人気だったそう。
本体にはヨーグルトの容器を使い、
刺しゅうの模様は1mm幅にカットしたフェルトをループ状にして再現しました。
カラフルな配色は置いておくだけでもインテリアに。
ピアスや指輪など、アクセサリーケースとして使っても素敵です。

| How to make |

A：48ページ
その他：参考作品

• SHOWA RETRO SEWING BOX •

取っ手や刺しゅう模様、編み込みの色など、アレンジは無限。自分だけのデザインを考えてみるのもハンドメイドの楽しいところ。フェルトの厚みがあるので、本体ができ上がってから仕切りを作り、中に収まるか確認しながら調整するといいでしょう。

| でき上がり |

A〜E：各約縦7×横9.5×高さ6㎝

H:5cm

アンティークなソーイングボックス

ヨーロッパで使われていたソーイングボックスです。
ビニールや籐の質感は、フェルトにボンドを塗って出しました。
そうすることで、フェルトの強度が増し、細くても切れずに編み込みができます。
そのまま携帯用のソーイングケースとして使ってもかわいい。
仕切りは好みでつけてもつけなくても、半分にしてもとアレンジしてください。

| How to make |

A：51ページ
その他：参考作品

| でき上がり |

A〜E：各約縦7×横9.5〜10×高さ5〜6cm

ANTIQUE SEWING BOX

編み込み模様は実際にあるソーイングボックスの色を参考にフェルトの色をセレクト。40cm角の大きいフェルトが便利。
容器や厚紙の厚み部分も上からフェルトや山道テープを貼って目隠しすると、一段と仕上がりがきれい。

• SHOWA RETRO SEWING BOX •

昭和レトロな裁縫箱Aの作り方
〔P044〕

材料
ヨーグルトの容器1個、フェルト（赤、黒、こげ茶）、花模様用フェルト（オレンジ色、赤、朱色、薄黄、抹茶色、淡ピンクを0.1cm幅にカットしておく）、キルト芯20×10cm、0.58mm厚厚紙、0.3cm径針金（アルミ）1m、0.35mm径針金（ステンレス）1.5m、直径0.4cmビーズ赤2個、直径1cmプラスチックワッシャー4個、Tピン10本、0.8cm幅山道テープ、0.2cm径ひも20cm、直径1.5cm金具ボタン2個、直径0.5cmビーズ1個、0.6cmワニグチ1個。
※本体とふたは容器に合わせて型紙を作る。

パーツと図案の実物大型紙は P078

〔 フェルトのコードを作ります 〕

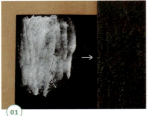

01 フェルトにボンドをつけて乾かす。片面のみと両面につけたものも用意する。

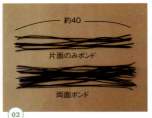

02 ボンドが乾いたら0.2cm幅にカットする（カットのしかたはP051 02 参照）。

03 両面にボンドをつけたコードを三つ編みにする。

04 約35cmを4本作る。

〔 ふたを作ります 〕

01 ふたの厚紙、フェルト、キルト芯を用意する。外ふたのフェルトはひとまわり大きめにする。

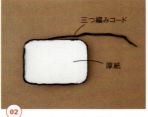

02 厚紙にキルト芯2枚を重ね、その上に外ふたのフェルトを重ねてボンドで貼る。側面に三つ編みコードをボンドで貼る。

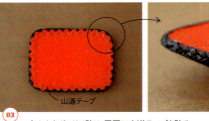

03 内ふたをボンドで貼り、周囲に山道テープを貼る。

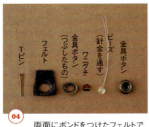

04 両面にボンドをつけたフェルトでフラップを作る。

05 金具ボタンをペンチでつぶす。

Point ボタンのつぶし方
ペンチで挟んでつぶす。内側も挟んでつぶす。

• SHOWA RETRO SEWING BOX •

〔 持ち手を作ります 〕

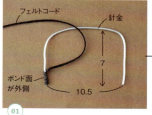

06 つぶしたボタンをフェルトに差し込んでボンドでとめる。

07 ふたの中央にフラップがつくよう、側面にTピンを刺す穴をキリであけ、Tピンでフラップをとめる。

01 3mm径針金を曲げて持ち手の形にする。ボンドを少しずつつけながらフェルトコード（片面のみボンドをつけたもの）を巻きつける。

〔 本体を作り、まとめます 〕

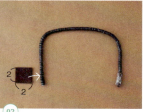
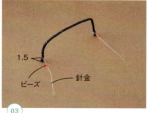

02 持ち手の端にフェルト（こげ茶）をボンドで貼る。外側にもボンドをつけると、乾いたとき革の風合いになる。

03 端から1.5cmの位置に針金（25cm）を2周巻きつけ、ビーズ（長さを半分にカットする）を通す。2本作る。

01 ヨーグルトの容器の底の出っぱりをカットし、底から高さ4.5cmでカットする。

02 本体側面と底にフェルトをボンドで貼る。型紙は容器から作る。

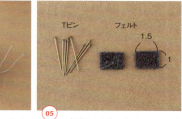

03 側面の入れ口、底、四隅に三つ編みコードをボンドで貼る。

04 側面に持ち手をつける穴をキリであける。持ち手の針金を通し、プラスチックワッシャーに通して写真のように針金をかけて固定する。

05 本体とふたをつなぐフェルト（両面にボンドをつけたもの）とTピンを用意する。

06 本体側面にTピンを刺す穴をキリであけ、Tピンでフェルトをとめる。

07 差し込んだTピンはペンチで曲げて固定する。

08 ふたを合わせて同様にキリで穴をあけてTピンを刺し、本体とつなぐ。

Part4 レトロなお針箱 049

SHOWA RETRO SEWING BOX

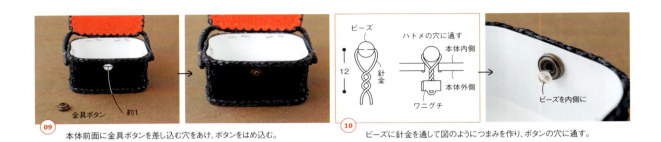

09 本体前面に金具ボタンを差し込む穴をあけ、ボタンをはめ込む。

10 ビーズに針金を通して図のようにつまみを作り、ボタンの穴に通す。

11 針金の先にワニグチをつける。

12 ふたの両脇にキリで穴をあける。穴にひもを差し込んでボンドでとめる。ひもの反対側を本体の側面にボンドでとめる。

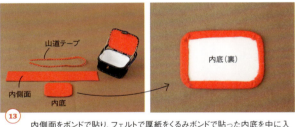
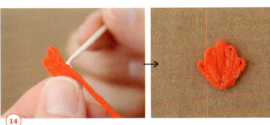

13 内側面をボンドで貼り、フェルトで厚紙をくるみボンドで貼った内底を中に入れ、口側上面に山道テープを貼る。内底と内側面の型紙は本体に合わせて作る。

14 0.1cm幅にカットしたフェルトで刺しゅう模様を作る。図案の形になるように折ってボンドでとめる。

\ でき上がり /

15 パーツごとに作ってふたにボンドで貼っていく。

16 側面の模様も同様に作ってボンドで貼る。

持ち手部分の針金を黒のマジックで塗る。花の模様はいろいろとアレンジして楽しんでください。

· ANTIQUE SEWING BOX ·

アンティークなソーイングボックスAの作り方
〔P046〕

材料

ヨーグルトの容器1個、フェルト(白、赤、ベージュ)、0.58mm厚厚紙、0.8cm幅山道テープ、1.6mm径針金(白)15cm、0.9mm径針金(白)10cm、2mm径針金(アルミ)7cm、0.2cm径ひも20cm。
※本体とふたは容器に合わせて型紙を作る。

トレイの実物大型紙はP073

〔 フェルトのコードを作ります 〕

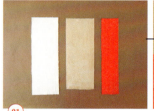

① フェルトの片面にボンドをつけて乾かす。

② ボンドが乾いたら0.2cm幅にカットする。ロータリーカッターでカットすると細くてもきれいにカットできる。

③ 3色ともカットしてコード状にしておく。

〔 本体外側を作ります 〕

① ヨーグルトの容器の底の出っぱりをカットし、底から高さ4.5cmでカットする。

② コピー用紙などの紙にフェルトのコード(ベージュ)を1cm間隔で32本並べ、マスキングテープでとめる。

③ フェルトのコード(赤・白)を編み込む。6、8、10段目に赤のコードを編む。

Point 途中、つま楊枝でコードをつめながら編み込んでいくときれいに仕上がる。

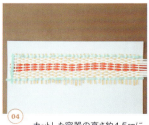  

④ カットした容器の高さ約4.5cmになるまで編む。

⑤ 容器の外側にフェルトをボンドで貼る。

⑥ 編み込んだ④を⑤に巻き、縦のコード(ベージュ)をそれぞれ口側、底側に折り返し、コードの先を切りそろえてボンドでとめる。ボンドが乾くまではマスキングテープで固定しておく。

Part4 レトロなお針箱 051

• ANTIQUE SEWING BOX •

07 ボンドが乾いて固定できたらテープをはずす。

08 底のフェルトを用意する。フェルトの段差をなくすため、折り返したコードの内側用と、外底は底のサイズに合わせてカットする。

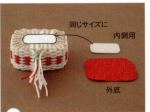
09 内側用、外底の順にボンドで貼る。

10 つなぎ部分のフェルトは縦のコード（ベージュ）の裏に隠れる長さにカットし、ボンドをつけて裏側に貼る。こうするとつなぎ目がわからなくなり、仕上がりがきれい。

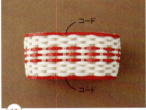
11 全てのつなぎ部分を隠せたら、上下にフェルトのコード（赤）をボンドで貼る。

[ふたを作ります]

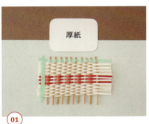
01 ふたの厚紙に合わせて本体側面と同様にフェルトのコードで編み込みを作る。ふたの型紙は本体の口側に合わせて作る。

02 ふたの厚紙にフェルトをボンドで貼る。

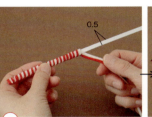

03 0.5cm幅の厚紙にボンドをつけ、フェルトのコード（白、赤）2本どりで巻きつけ、縁を作る。

04 02のフェルト側に01をボンドで貼る。裏側へ折り返したコードの余分をカットし、ボンドで貼る。本体の08と同様に内側用のフェルトを貼り、つなぎのフェルトを片側に貼る。

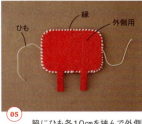
05 脇にひも各10cmを挟んで外側用のフェルトをボンドで貼る。ふたの周囲に03の縁をボンドで貼る。

06 縁の内側にフェルトのコード（赤）をボンドで貼る。

07 2mm径針金を三角に曲げてボンドをつける。フェルトのコード（赤、白）を2本どりで巻きつけ、取っ手を作る。

ANTIQUE SEWING BOX

[本体を仕上げます]

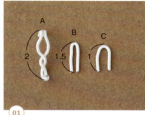

08 ふたの中央に取っ手をとめる。キリで穴をあけ、U字に曲げた0.9mm径針金を差し込み、ボンドでとめる。

09 本体の口にふたを合わせ、つなぎをボンドで貼る。ひもはふたを開けたときに少しゆとりがあるくらいで本体内側にボンドでとめる。

01 1.6mm径針金で金具を作る。

02 Bに合わせて本体正面にキリで2カ所穴をあける。Bを差し込んで端を折ってとめる。

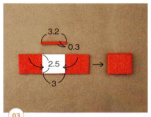
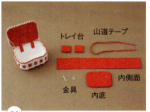

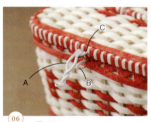

03 トレイ台を作る。厚紙にフェルトを巻き、上面に目隠しのフェルトをボンドで貼る。

04 フェルトで厚紙をくるみボンドで貼った内底を作り、内側面のフェルト、口用の山道テープも用意する。内底と内側面の型紙は本体に合わせて作る。

05 内側面をボンドで貼り、内底を入れる。両脇にトレイ台を貼る。入れ口の上面に山道テープをボンドで貼る。

06 ①の金具CにAをかけて先をペンチで折り曲げて固定する。Cの間隔に合わせてふたの側面にキリで穴をあけ、Cの足にボンドをつけて差し込む。

[トレイを作ります]

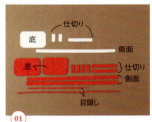

01 各パーツの厚紙とフェルトを準備する。※実物大型紙はありますが、本体のフェルトの厚みや貼り方によってサイズが変わるので、本体が仕上がったあとにサイズを確認してください。

02 底と側面の厚紙をボンドで貼る（カーブの貼り合わせ方はP055参照）。

03 外底、内底、外側面、内側面のフェルトをボンドで貼る。はみ出た部分はカットする。

04 仕切りの厚紙の両面にフェルトを貼る。

でき上がり

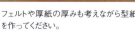

05 仕切りをトレイにボンドで貼る。

06 上面の厚紙が見えている部分に目隠しのフェルト（0.2cm幅）をボンドで貼る。

フェルトや厚紙の厚みも考えながら型紙を作ってください。

• BEFORE MAKING •
── 作り始める前に知っておきたいこと ──

よく使う道具と、よく使う基本の材料をご紹介します。
また、型紙の取り方やフェルトの貼り方など、知っておくと製作作業がスムーズになるコツも参考にしてください。

〔 あると便利な道具 〕

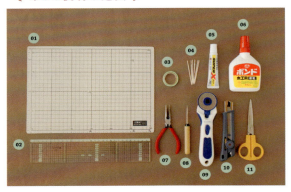

01_カッティングボード…フェルトや容器をカッターでカットする際の台に使用。
02_カッティング定規…カット専用のステンレスエッジのついた定規が便利。
03_マスキングテープ…ボンドが乾くまでの仮どめに使う。
04_つま楊枝…ボンドをつける際に使用。
05_接着剤…のり面が外側に見えてしまうときに使うと仕上がりがきれい。
06_ボンド…厚紙やフェルトの貼り合わせに使う。速乾性のあるものが便利。
07_ペンチ…針金を曲げたりボタンをつぶす際に使用。ニッパー付きがおすすめ。
08_キリ…厚紙やペットボトルに穴をあけるときに使う。
09_ロータリーカッター…細いフェルトをカットする際にカッターよりも便利。
10_カッター…ペットボトルや厚紙をカットする際に使用。
11_ハサミ…フェルトや厚紙のカットに使用。

〔 基本の材料 〕

01_空き容器…みそやゼリー、ペットボトルなどの空き容器。作品の本体に使ったり、側面のカーブを利用したりする。
02_フェルト…カラーバリエーションが豊富でさまざまなものの色を再現できる。フェルトコードを作る際は40cm角が便利。
03_ミラーペーパー…厚紙にシルバーのシートがついたもの。ステンレス製の家電を表現する際に使用。
04_アルミテープ…シルバーのテープの裏にのりがついたもの。ミラーペーパーよりも薄い素材。
05_06_厚紙…1mm厚と0.58mm厚など作る部分や大きさによって厚みを使い分ける。
07_飾り用シール…100均のシールやネイルアート用のシールを使用。
08_アルミシート…100均などで購入できるキッチン用のシートを使用。

• 容器のカットのしかた •

① 最初は印よりも大きめにざっくりとカットする。

② ある程度の大きさにしてから印の通りにカットすると、カットしやすい。

• フェルトやペーパーのきれいな貼り方 •

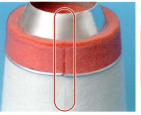
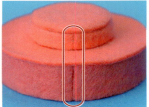

土台の厚紙から、上に貼るフェルトやアルミシート、針金なども、全てつなぎ目をそろえておくと仕上がりがきれい。

• BEFORE MAKING •

• 容器から型紙を取る方法 •

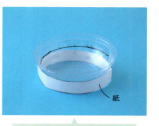

同じ形をもうひとつ作って

同じサイズの容器をもうひとつ作る。その容器を切り開いてフェルトに直接当てて印をつける。

紙定規を使って

底から〇cmなどの場合は、その寸法に紙をカットし、写真のように容器に合わせて輪にして高さの印をつける。

容器に直接紙を巻いて

容器に直接紙を巻いて折り目をつけたり、縁の線を描いたりして型紙を作る。

• 丸みのあるもののボンドのつけ方 •

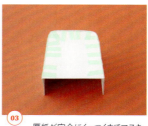

01 厚紙に丸みを軽くつけておく。

02 ボンドをつけながら、厚紙同士を貼り合わせ、マスキングテープで仮どめをして固定する。

03 厚紙が完全にくっつくまでマスキングテープでとめておく。くっついたらはがす。

• 型紙が取りにくいもののフェルトの貼り方 •

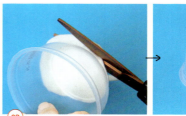

01 容器に合わせてざっくりとフェルトをカットする。

02 容器にボンドをつけてフェルトを貼り、くっついたら容器に合わせてフェルトをカットする。

作り始める前に知っておきたいこと　055

・SHOWA RETRO LIGHTING・
昭和レトロな照明Cの作り方
〔P020〕

材料

ペットボトル500ml2本（上部に丸みのあるもの、底が円形で凹凸のあるもの）、ゼリードリンクのキャップ1個、フェルト（白、オレンジ色）、1mm径針金25cm、細ひも10cm、ヘアゴム10cm、直径2.5cmくるみボタン1個、直径0.5cmビーズ1個、直径0.8cmビーズ1個、0.5cm径強力マグネット1個。
※フェルトは容器に合わせて型紙を作る（P022参照）。

〔 本体を作ります 〕

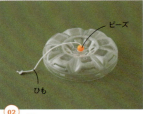
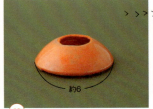

01 ペットボトルの底を高さ1～1.5cmでカットし、全体にヤスリをかける。

02 01の中央に細ひもを通した直径0.5cmのビーズをボンドで貼る。

03 もうひとつのペットボトルの上部直径約6cmの所でカットし、内側にフェルト（オレンジ色）をボンドで貼る。

Point 02に03がちょうどよく収まるように、いろいろなペットボトルでサイズが合うものを探してください。

〔 くさりを作ります 〕

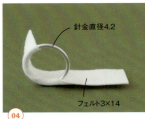

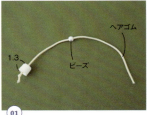

04 針金を直径4.2cmの輪に丸めてボンドをつけてとめ、フェルトを巻いて蛍光灯大を作る。蛍光灯小は直径3.5cm、フェルト3×11cmで作る。

05 04のつなぎ目を隠すようにフェルトを貼る。

01 ゼリードリンクのキャップを1.3cmにカットし、中央にキリで穴をあける。その穴にヘアゴムを通して結び、直径0.8cmのビーズを通す。

02 ヘアゴムの結び目をキャップの中に入れ、フェルトの端ぎれを2/3詰めてボンドでとめる。マグネットを入れる。

〔 まとめます 〕

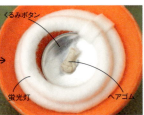

03 02の上からフェルトをかぶせてボンドで貼る。

くるみボタンの中央にキリで穴をあけ、本体内側中央にボンドで貼る。外側にはフェルト（白）を貼る。ボタンの穴と同じ所に本体にも穴をあけ、ヘアゴムを通して結ぶ。蛍光灯大・小をボンドで貼る。

\ でき上がり /

笠をかぶせて完成。いろいろな形のペットボトルを利用して、形やサイズの合う組み合わせを見つけてください。

タッパーC 〔P030〕

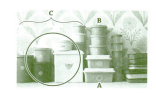

☆作り方はP33 タッパーの作り方を参照
　丸形(大)以外のふたは
　それぞれカットした容器の口に合わせて作る

〈実物大型紙〉
タッパーB
1枚 / 22枚 / 1 / 2.75

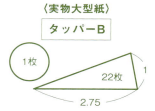

丸形(大) 白×黄

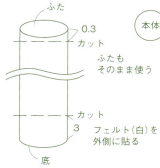
ふた / 0.3 / カット / ふたもそのまま使う / カット / 3 / フェルト(白)を外側に貼る / 底

本体　チップスターの容器を使用（直径7×高さ14.5cm）

フェルト(黄) / フェルト(白) / シール

〈実物大型紙〉
1枚 / 22枚 / 1 / 3

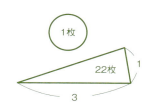

筒形 抹茶色

カット / 9

本体　ドリンクの容器　180㎖を使用（底直径4.5×高さ11cm）

〈実物大型紙〉
1枚 / 19枚 / 1 / 2.7

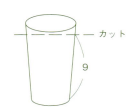
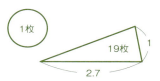

丸形(中) えんじ

カット / 6.5

本体　ドリンクの容器　240㎖を使用
マウントレーニアカフェラッテ
（底直径5.3cm）

〈実物大型紙〉
1枚 / 21枚 / 1 / 3

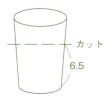

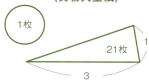

丸形(小) ピンク

カット / 4.5

本体　ドリンクの容器　135㎖を使用
アイスボックス（底直径4.8cm）

〈実物大型紙〉
1枚 / 20枚 / 1 / 2.75

丸形(極小) 緑・オレンジ色・黄

カット / 2.5

本体　ヤクルトの容器　65㎖を使用
（プチダノンの容器でも可）

〈実物大型紙〉
1枚 / 19枚 / 0.7 / 1.7

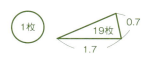

ブレンダー F 〔P004〕

材料
ペットボトル500ml 1本（丸形）
フェルト（黒、白、赤）
1mm厚厚紙
ミラーペーパー
1cm径透明ホース10cm
1mm径針金（アルミ）15cm
0.55mm径針金（ステンレス）35cm
0.5cm径ストロー1本
アルミホイル

パーツの実物大型紙はP060

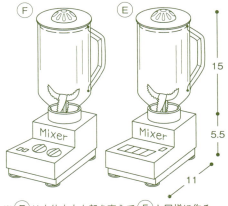

※ E は本体中央上部を変えて F と同様に作る

〈ボトルの作り方〉 ※作り方はP10～11参照

①ペットボトル丸形500ml
高さ約11cmに切る
直径約6.3cm
直径約3cm

②持ち手をつける
③ボトル底を作る
④ボトル内側にストッパーを入れ、底と貼り合わせる
⑤刃を作り、ボトルに差し込んでとめる
⑥ボトル底の下部の厚紙、フェルトを貼る
⑦ボトル下の側面にフェルトを貼る

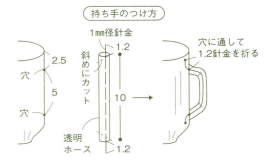

〈土台の作り方〉

①厚紙で土台底、側面、前、後ろの順にボンドで貼って組み立てる
②①に土台上面を貼る
（少し大きいので均等にすき間をあけて貼る）
③土台の外側に土台底、側面、前、後ろの順にフェルト（黒）を貼る
④足の部分を作り、四隅に貼る
※足の作り方はP10参照

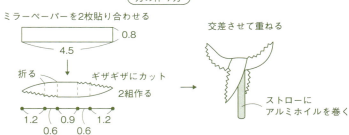

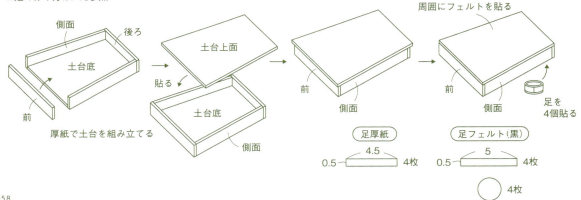

〈本体の作り方〉

①厚紙で本体の後ろ、側面、上部、前中央、中央上部、前下部の順にボンドで貼って組み立てる
②外側全体にミラーペーパーを貼る
③本体の中に入れるボタン台を厚紙で作る
　1 厚紙をカットして本体の内側に入れ、ボタンの位置の印をつける
　　※印のつけ方はP9参照
　2 1 に側面をボンドで貼って組み立てる
　3 ボタンを作り 2 に貼る

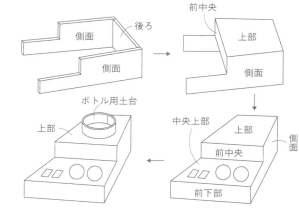

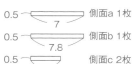

ボタン台厚紙
7 / 1枚 / 3.9 / 7.8

0.5 ─ 側面a 1枚 7
0.5 ─ 側面b 1枚 7.8
0.5 ─ 側面c 2枚 3.8

ボタンの作り方(1個分)

厚紙1枚
フェルト(赤)5枚
0.55mm径針金スプリング1個

※ボタンの作り方はP9を参照
☆白のフェルトでもう1個作る

④ボトル用土台を上部に貼る
　1 ミラーペーパーと厚紙をボンドで貼る
　2 乾く前に丸くカールするように丸める
　3 ボトルの底の円のまわりに巻きつけてミラーペーパー(1.8×3cm)を外側にボンドで貼る
　　内側にもミラーペーパーを貼る
　4 3 の円の厚みをミラーペーパーに写し、輪にカットする
　5 3 の上に 4 をボンドで貼る
　6 本体部分の上部の中央に 5 をボンドで貼る
⑤ボタン台を本体の内側に貼りつける
⑥土台と本体をボンドで貼る

厚みを隠すために上に貼る
厚紙 / ミラーペーパー / ミラーペーパー

〈ふたの作り方〉P11参照

①三層に重ねてボンドで貼る

フェルト / 厚紙 / 穴 直径2.8

②側面のフェルトを2枚重ねてボンドで貼る
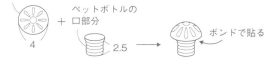
輪に作る
※ボトルの底に合わせる
0.3内側にボンドでつける

③つまみを作る
ペットボトルの底部分を切り取る
ペットボトルの口部分
4　2.5 →  ボンドで貼る

④つまみをふたの穴に入れる
つまみ / ふた / 側面 / フェルト(黒)

つまみの作り方(1個分)

2 / 1.5 ミラーペーパー1枚 → 2 / 2.1 挟む

0.6 / 4.2 / 2.1 ミラーペーパー1枚

2.1 ミラーペーパー1枚
2 厚紙3枚
ボンドで貼る

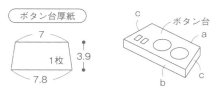

6.8 / 0.3 ミラーペーパー1枚
まわりに巻いて貼る

5 / 1.1 厚紙1枚 フェルト(黒)1枚
※フェルトは厚紙よりも少し長めにしておく

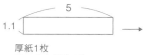 →  厚紙 / フェルトをボンドで貼る / セロハンテープで巻いてとめる → ボンドで貼る
☆2個作る

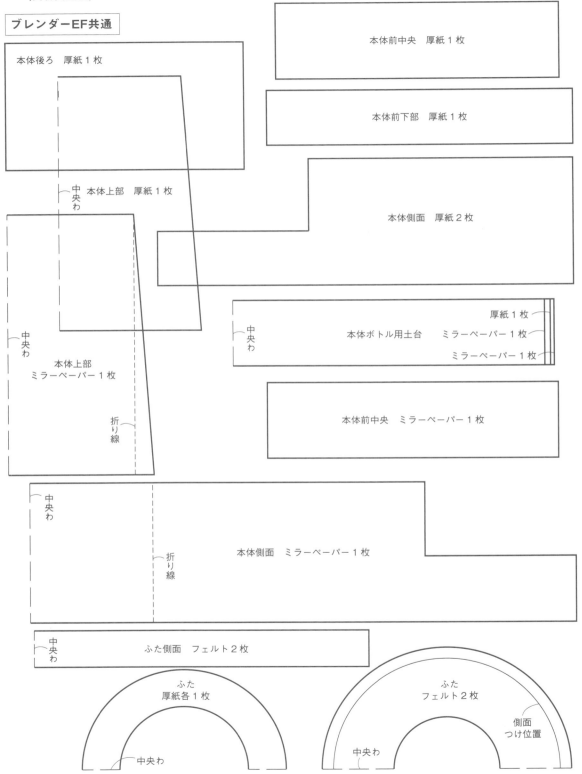

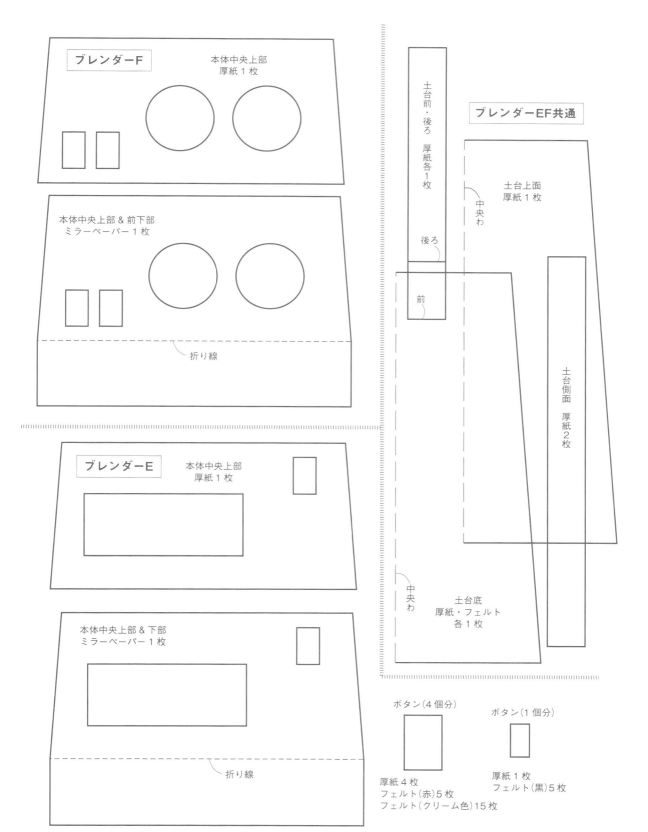

ミキサーD〔P006〕

材料 ペットボトル200mℓ1本（底直径5.4×高さ13.8cm）、ペットボトルのふた1個、紙コップ325mℓ1個、フェルト（水色、白、黒）、0.58mm厚厚紙、ミラーペーパー、2mm径針金（アルミ）15cm、ホログラムシート、つま楊枝1本

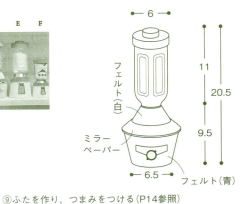

〈作り方〉
① 紙コップをカットする

② ①の周囲にフェルト（青）を貼る

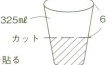

③ 枠Aの厚紙を輪にしてボンドで貼り、上にミラーペーパーを貼る
④ ③の縁にミラーペーパーを貼る

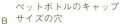

⑤ 上に厚紙Bをボンドで貼る
⑥ Cの厚紙を輪に貼り合わせ、フェルト（白）を上に貼る
⑦ ⑤の上に⑥をのせて貼る
⑧ 口まわりに針金をボンドでつける

⑨ ふたを作り、つまみをつける（P14参照）

⑩ ラベルを作り、本体に貼る

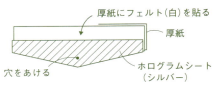

⑪ つまみを作り、ラベルの穴に差し込む

厚紙（0.4×15cm）をつま楊枝に巻きつけてボンドでとめておく

⑫ 底に厚紙とフェルト（直径6.4）を貼る（P14参照）

ミキサーF〔P006〕

材料 ペットボトルのふた1個、紙コップ100mℓ1個、フェルト（白、ピンク）、0.58mm厚厚紙、ミラーペーパー、アルミテープ、1mm径針金（アルミ）17cm、直径0.5cmビーズ（シルバー）2個、0.5cm径丸カン2個、竹串1本、ビニールテープ（黒）、飾り用シール

※基本的な作り方はP12〜と同じです
ここでは違う部分を解説しています

〈作り方〉
① 紙コップをカットする

② 輪にした厚紙を内側に貼る

③ 厚紙とフェルトをボンドで貼ってBを作り、②の上にのせる
側面にフェルトを貼る

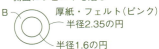

④ 入れ口のミラーペーパーを輪にして貼り、③に貼る

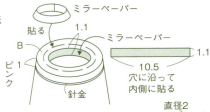

⑤ ふたを作る（P14参照）
つまみ部分はフェルト（直径2）を4枚重ね
側面にもフェルトを貼る

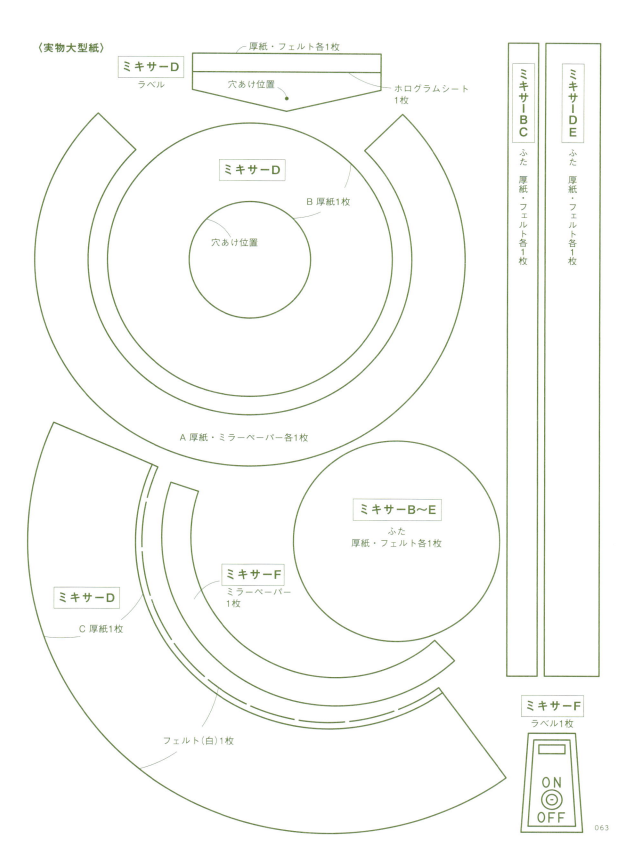

ミキサーB〔P006〕

材料 ペットボトル200ml1本(底直径5.4×高さ13.8cm)、食器用洗剤のふた(透明)1個、紙コップ325ml・100ml各1個、フェルト(緑、黒)、0.58mm厚厚紙、アルミテープ、ビニールテープ(赤)、直径0.5cmビーズ(シルバー)2個、0.5cm径丸カン2個、竹串1本、英文字シール

〈作り方〉

①325mlの紙コップをカットする

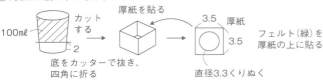

全体にフェルト(緑)を貼り、底まわりにフェルト(黒)0.4幅を貼る

②100mlの紙コップをカットする

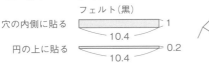

フェルト(緑)を厚紙の上に貼る

③①の上に②をのせて貼り合わせる

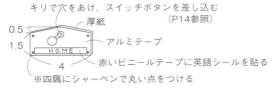

④ラベルを作り、本体に貼る

キリで穴をあけ、スイッチボタンを差し込む(P14参照)

厚紙
アルミテープ
赤いビニールテープに英語シールを貼る
※四隅にシャーペンで丸い点をつける

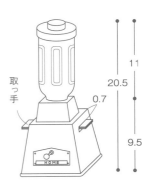

⑤取っ手をつける

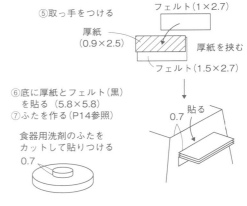

⑥底に厚紙とフェルト(黒)を貼る(5.8×5.8)
⑦ふたを作る(P14参照)

食器用洗剤のふたをカットして貼りつける

〈実物大型紙・ラベル〉

穴あけ位置
HOME

ミキサーC〔P006〕

材料 ペットボトル200ml1本(底直径5.4×高さ13.8cm)、食器用洗剤のふた(透明)1個、紙コップ325ml・205ml各1個、フェルト(緑、黒、クリーム色)、0.58mm厚厚紙、2mm径針金(アルミ)15cm、アルミシート、1.2cm径ストロー1本、ホログラムシート、竹串1本、輪ゴム、飾り用シール

〈作り方〉

①325mlの紙コップをカットする

カットした部分に厚紙5.4×5.4を貼る
フェルト(クリーム色)を貼る
底まわりにフェルト(黒)0.4幅を貼る

②205mlの紙コップをカットする

205ml → 5.7 → 貼る → 4×4 厚紙にフェルト(クリーム色)を貼る
穴 直径3.6

底をカッターで抜き、四角に折る

※穴の内側にフェルト(黒)1cmを貼る
円のまわり上に2mm径針金を貼る

③①の上に②をのせて貼り合わせる。
　つなぎ目にフェルト(黒)0.2cm幅を貼る
④底に厚紙とフェルトを貼る(各5.8×5.8)

作り方はP65に続きます→

ミキサーA [P006]

材料 食器用洗剤のふた（透明）1個、紙コップ100ml・80ml各1個、フェルト（緑、黒）、0.58mm厚厚紙、アルミテープ、ビニールテープ（赤）、直径0.5cmビーズ（シルバー）2個、0.5cm径丸カン2個、竹串1本、英文字シール

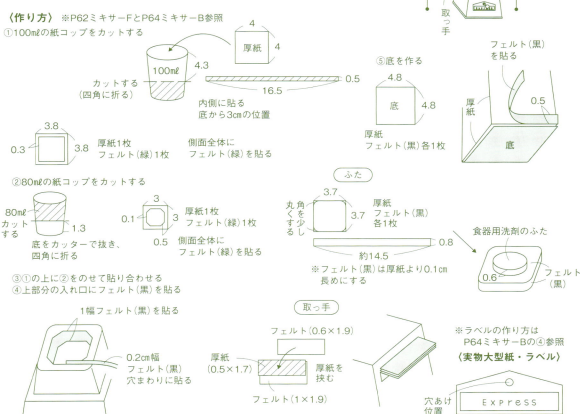

〈作り方〉 ※P62ミキサーFとP64ミキサーB参照
① 100mlの紙コップをカットする
② 80mlの紙コップをカットする
③ ①の上に②をのせて貼り合わせる
④ 上部分の入れ口にフェルト（黒）を貼る
⑤ 底を作る

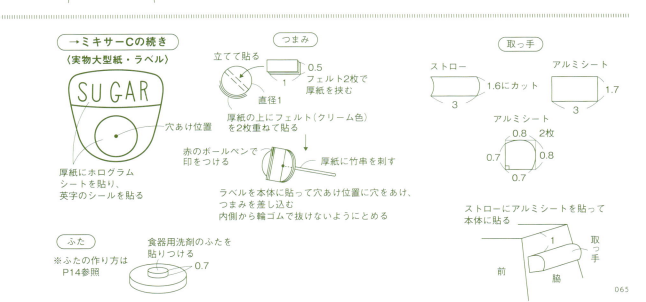

調味料入れ〔P026〕

材料 フェルト（緑、白）
1mm厚厚紙

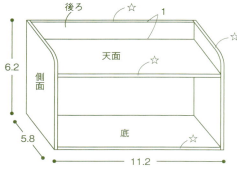

〈本体の作り方〉

①厚紙で本体の底、側面、後ろをボンドで貼って組み立てる
②それぞれの厚紙の内側と外側に、
　底、後ろ、側面の順にフェルト（緑）を貼る
③天面の厚紙の内側と外側にフェルト（緑）を貼り、②に貼る
④フェルト（緑）で縁どりの0.4cm幅テープを作り、☆の部分に貼る
　（厚紙の厚みを隠すため）

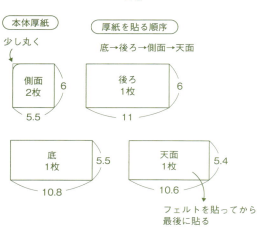

※側面のフェルトは厚紙に貼ってから
　角を丸くカットする
※フェルトは少し大きめに用意し
　厚紙に貼ってからカットする

〈引き出しの作り方〉
（1個の材料）

※フェルトは底、後ろ、側面、前の順に貼る
※底、後ろ、側面のフェルトは
　少し大きめに用意し
　厚紙に貼ってからカットする

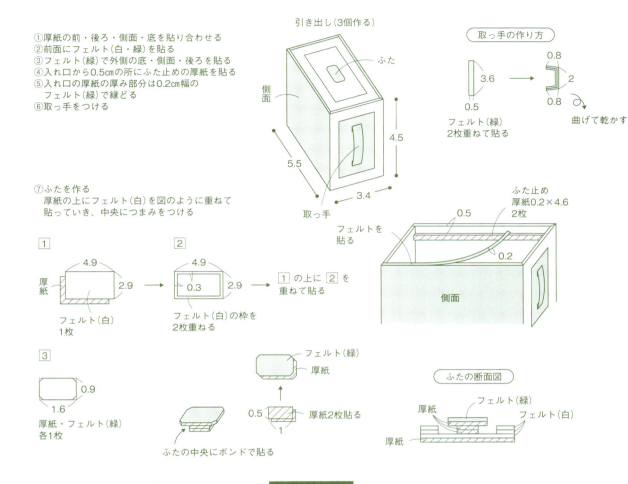

お鍋のキーホルダー（カバー掲載作品）

ミニサイズを作って、キーホルダーをつければ、かわいいチャームに！　表示の材料と、P028〜のプロセス解説を参考に、製作してください。

ロール棚 〔P026〕

材料
ペットボトル1.5ℓ1本（側面が丸いタイプ）
フェルト（オレンジ色、生成り）
1mm厚厚紙
1mm厚プラ板
0.4cm径ハトメ2個
0.5cm径ストロー1本
飾りシール

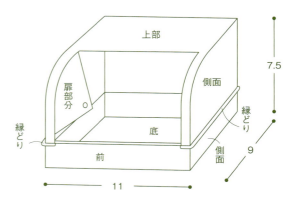

〈本体の作り方〉 ※フェルトは厚紙より少し大きめにカットし
厚紙に貼ってから形を整える
①厚紙で底部分の箱を立体にボンドで貼り、組み立てる

本体底厚紙

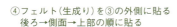

底1枚 11 × 9
側面2枚 2.5 × 8.8
前・後ろ各1枚 11 × 2.5

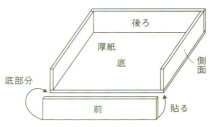

②フェルト（オレンジ色）を①の外側と内側に貼る
外側は底→側面→前・後ろの順に貼る
（内側は順番なし）

③厚紙で本体の上部、側面、後ろを
ボンドで貼って組み立てる

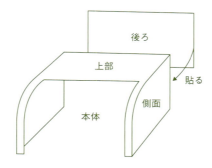

④フェルト（生成り）を③の外側に貼る
後ろ→側面→上部の順に貼る

注※内側のフェルトは後ろ、上部、
側面の順に貼る
（内側の側面は扉をつけておく）
（作り方は右ページ参照）

本体厚紙

後ろ1枚 11 × 5

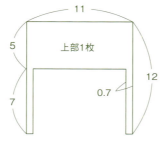
上部1枚 11 × 5 / 7 / 0.7 / 12

側面2枚
※側面はP69の
実物大型紙参照

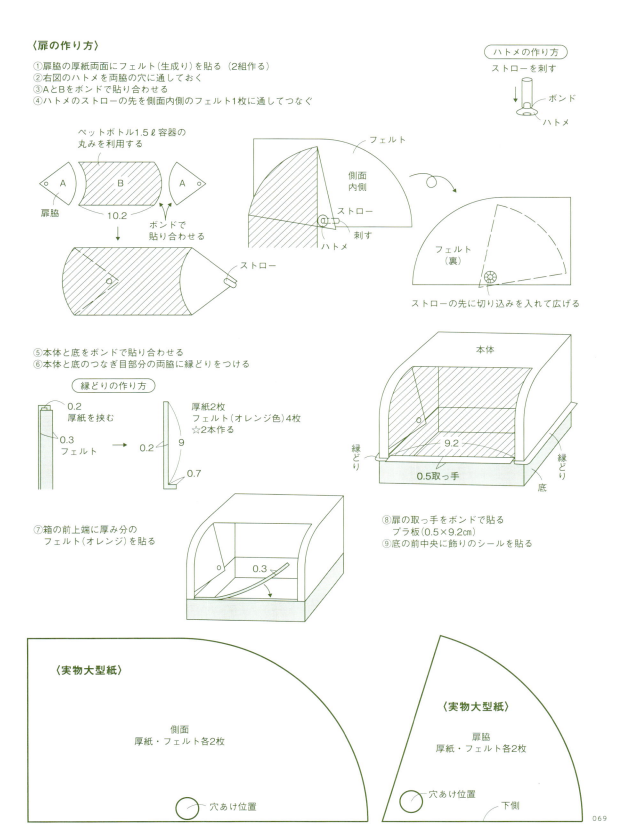

ザル〔P026〕

材料
- 三角コーナー用のネット（青）
- フェルト（青）
- 1mm径針金（ステンレス）
- アクリル絵の具（青）

〈本体の作り方〉
① 針金3本を組み、ザルの形を作る
② 入れ口と底に針金の輪をつける
③ 底にネットを内側から貼りつける
④ まわりにもネットを外側から巻く
⑤ 口まわりと底まわりの針金にフェルトをつける

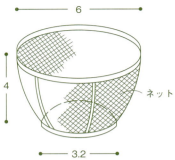

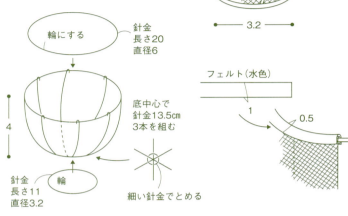

ハンガーのキーホルダー（カバー見返し掲載作品）

材料

（キーホルダー）
- 0.4cm径ストロー2色各4本
- 0.4cm径ストロー（白）1本
- 0.55mm径針金（スチール）
- 0.9mm径針金（スチール）
- アートビーズ（2色）各1個
- キーホルダー金具1個

（大1個分）
- 0.5cmストロー4本
- 0.6cmストロー1本
- 1.5mm針金（アルミ）
- 1.2mm針金（スチール）
- アートビーズ1個

① 針金を本体の形に曲げる
② ストローを①に通す。端は少し重ねる
③ 上部中央にきりで穴をあける
④ ③にアートビーズを通した針金を通す

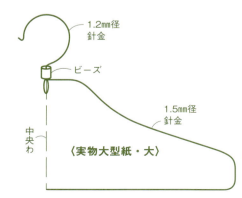

ホーローボウル〔P026〕

材料
- アイスの容器（ミニ雪見だいふく底直径4.5×深さ2.5cm）
- フェルト（白、赤）
- アクリル絵の具（こげ茶）

〈本体の作り方〉
① 容器から1つずつ切り出す
② ①の外側に、底、側面の順にフェルト（白）を貼る
③ 口まわりに0.2cm幅フェルト（赤）を貼る

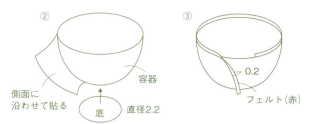

キッチンツール〔P026〕

材料
（共通）
- フェルト（白）
- アルミ板シール
- ネイルアートシール
- 直径2.5cmくるみボタン（お玉）
- 0.55mm径針金（あくとり、泡だて器）
- 0.35mm径針金（泡だて器）
- 金網（あくとり）

〈作り方〉
① アルミ板シールを2枚合わせに貼る
② フェルト（白）で①を挟む
③ くるみボタンをのばしたものをアルミの先に挟む
④ 花柄シールを貼る

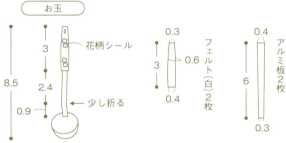

フライ返し

〈実物大型紙〉
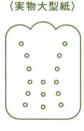

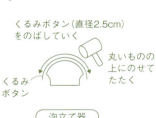

あくとり
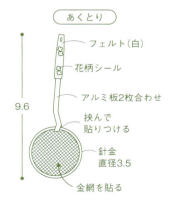

ガラス木箱 〔P034〕

材料
フェルト（茶色、グレー）
1mm厚厚紙
0.4mm厚プラ板
アクリル絵の具（茶色、グレー）
油性ペン（茶色）

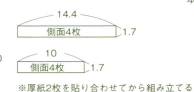

〈本体の作り方〉
①底、側面のパーツはそれぞれ厚紙2枚を貼り合わせる
②①をボンドで貼って組み立てる

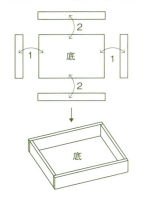

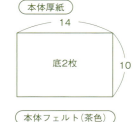

本体厚紙
底2枚 14 × 10
側面4枚 14.4 × 1.7
側面4枚 10 × 1.7
※厚紙2枚を貼り合わせてから組み立てる

本体フェルト（茶色）
底1枚 14.4 × 10.4
側面2枚 14.6 × 1.8
側面2枚 10.4 × 1.8
縁どり各2枚 14.6 × 0.4
縁どり各2枚 10 × 0.4

③外側の底、側面にフェルト（茶色）を貼る
④厚紙の厚み部分に縁どりを貼る

⑤④の内底にフェルト（グレー）を貼る
⑥厚紙で本体の内枠を
　ボンドで貼って組み立てる
⑦⑥にフェルト（グレー）を貼る
⑧厚紙の厚み部分に縁どりを貼る
⑨本体の内側に⑧を入れてボンドで貼る

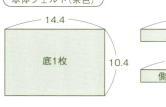

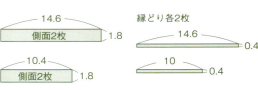

フェルト（グレー）底1枚 14 × 10

本体の内枠（枠のみ、縁どり）

本体内枠厚紙
※厚紙2枚を貼り合わせる
側面4枚 13.7 × 2
側面4枚 9.3 × 2

本体内枠フェルト（グレー）
外側面2枚 13.9 × 2
外側面2枚 9.8 × 2
内側面2枚 13 × 2
内側面2枚 9.3 × 2
縁どり各2枚 14 × 0.5
縁どり各2枚 10 × 0.5

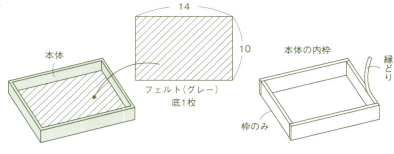

〈ふたの作り方〉

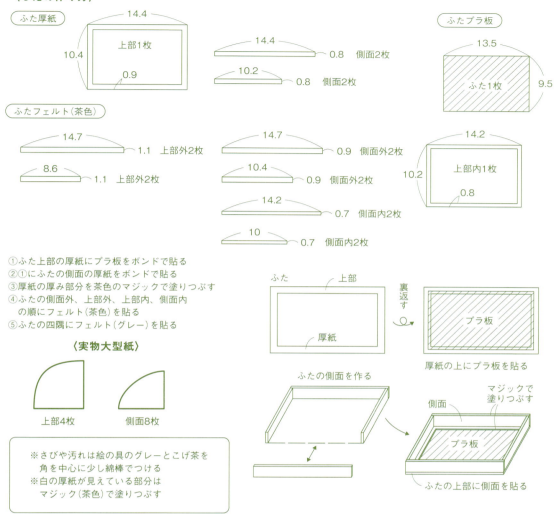

① ふた上部の厚紙にプラ板をボンドで貼る
② ①にふたの側面の厚紙をボンドで貼る
③ 厚紙の厚み部分を茶色のマジックで塗りつぶす
④ ふたの側面外、上部外、上部内、側面内
　の順にフェルト（茶色）を貼る
⑤ ふたの四隅にフェルト（グレー）を貼る

〈実物大型紙〉

上部4枚　　側面8枚

※さびや汚れは絵の具のグレーとこげ茶を
　角を中心に少し綿棒でつける
※白の厚紙が見えている部分は
　マジック（茶色）で塗りつぶす

〈実物大型紙〉

アンティークな　ソーイングボックスA

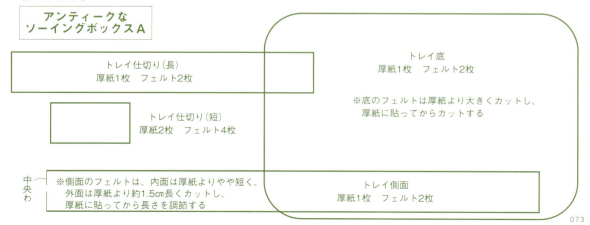

トレイ仕切り（長）
厚紙1枚　フェルト2枚

トレイ仕切り（短）
厚紙2枚　フェルト4枚

トレイ底
厚紙1枚　フェルト2枚

※底のフェルトは厚紙より大きくカットし、
　厚紙に貼ってからカットする

中央わ

※側面のフェルトは、内面は厚紙よりやや短く、
　外面は厚紙より約1.5cm長くカットし、
　厚紙に貼ってから長さを調節する

トレイ側面
厚紙1枚　フェルト2枚

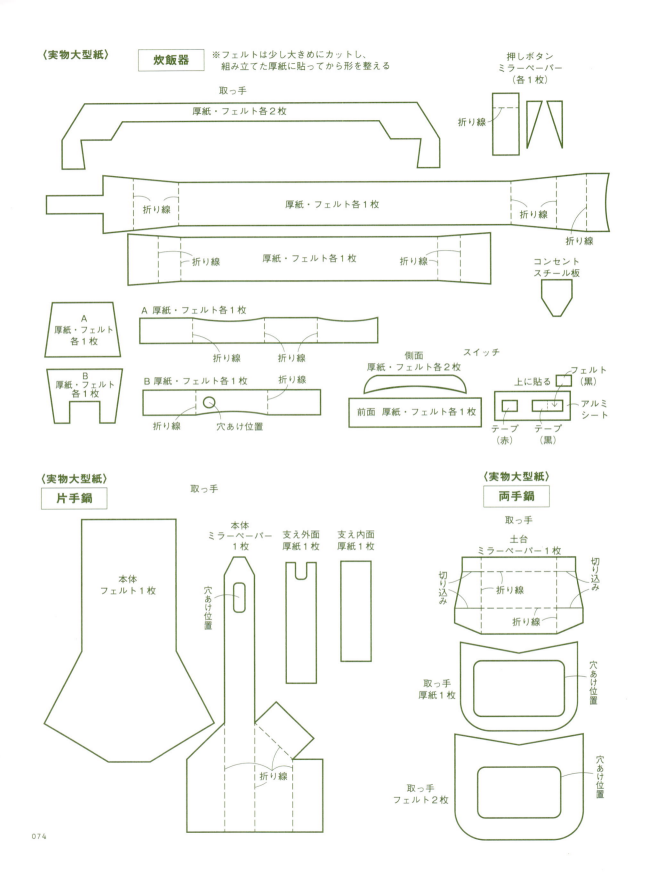

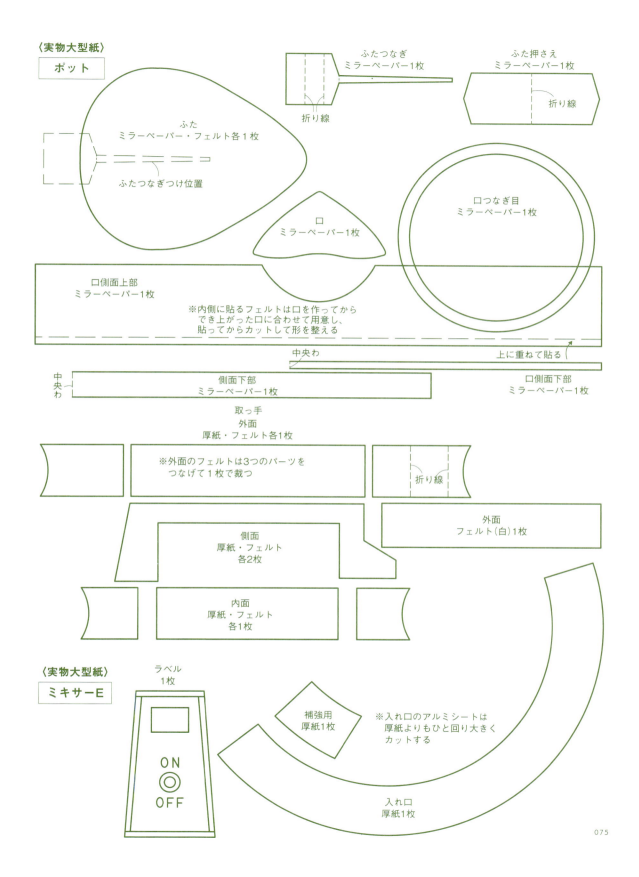

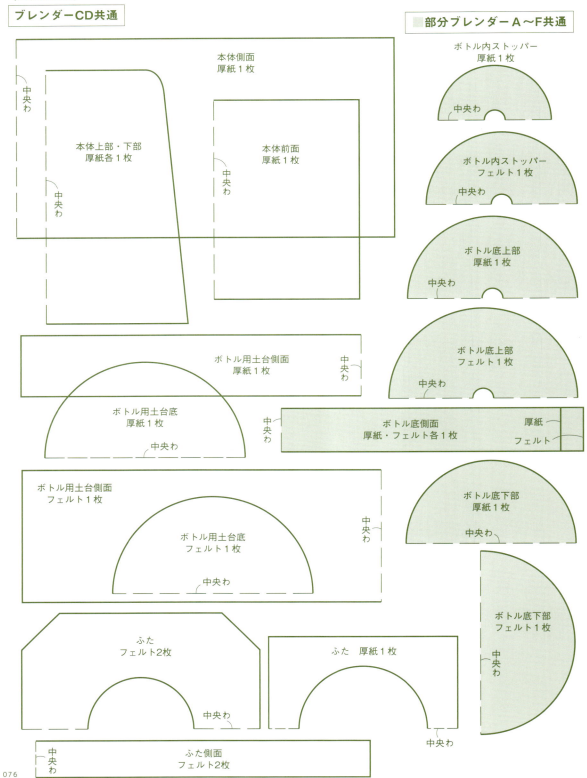

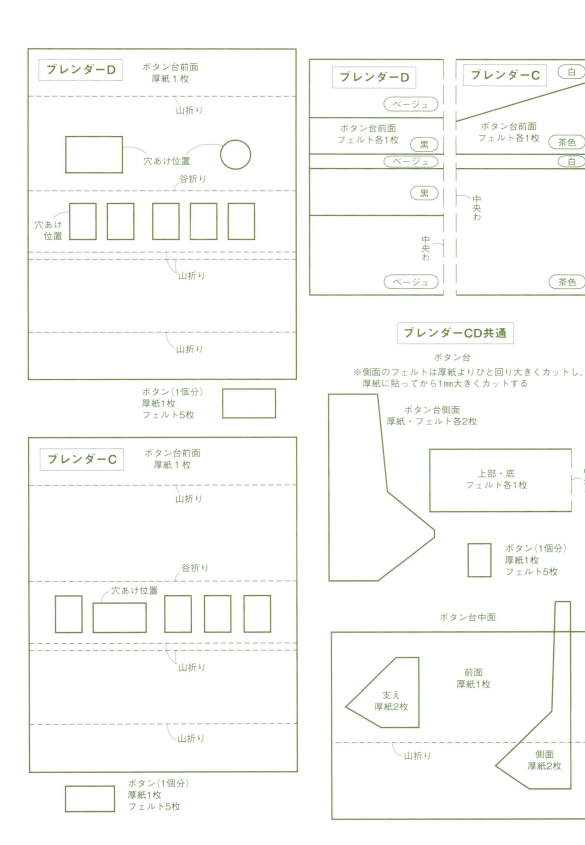

〈実物大図案〉

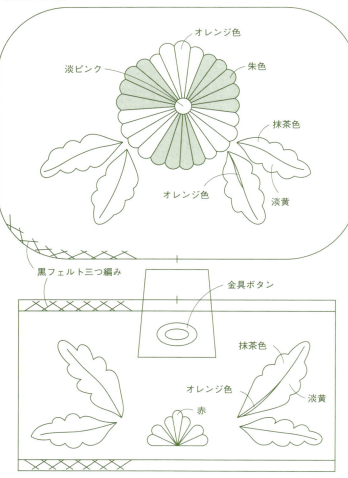

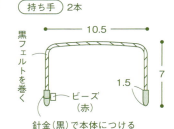

裁縫箱A

裁縫箱B

本体はヨーグルトの容器
（底縦4.4×横6.2×高さ9.2cm）
高さ4.5cmにカットして使用

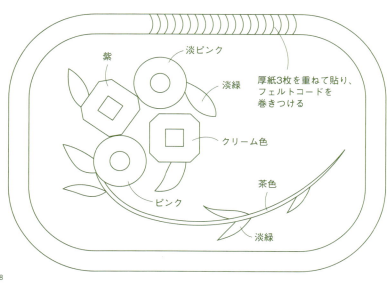

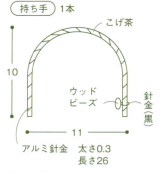

0.3cm径針金に
0.2cm幅のフェルトを巻く

〈実物大図案〉

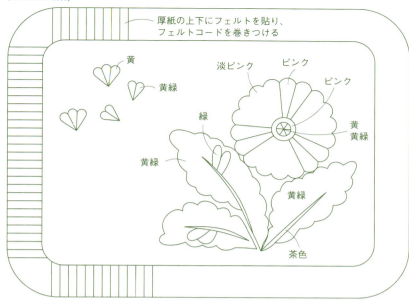

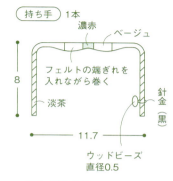

裁縫箱C

本体はみその容器
（底縦6.6×横9.4×高さ7cm）
高さ5cmにカットして使用

0.3cm径針金に
0.2cm幅のフェルトを巻く

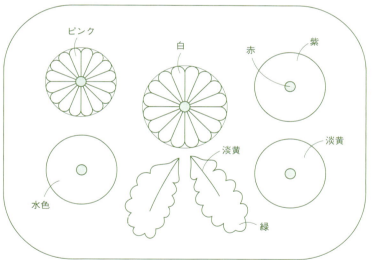

裁縫箱D

本体はAと同じヨーグルトの容器を
高さ4.5cmにカットして使用

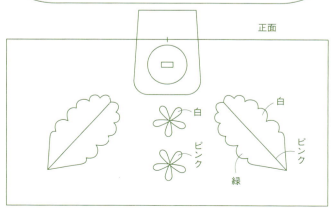

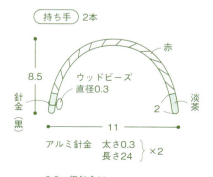

0.3cm径針金に
0.2cm幅のフェルトを巻く

宮市稔子　Toshiko Miyaichi

子供にフェルトスイーツのおままごとを作るのがきっかけでフェルト作品を作り始める。
その後、フェルトパン講座やフェルトクッキー教室を行い、フェルトで作るパンやスイーツ作品を多数発表。
著書『ぬき型でつくる フェルトのパン屋さん』(日本ヴォーグ社刊)
インスタグラム　@miyaichi_toshiko
HP　https://chervilfelt.web.fc2.com/

Staff

ブックデザイン── 入江あづさ(inlet design)
撮影── 花田 梢(カバー、表紙、P4-5、16・18・20)
プロセス撮影── 岡 利恵子(本社写真編集室)
スタイリング── 石川美和(カバー、表紙、P4-5、16・18・20)
作り方解説── 上平香寿子
トレース── 坂川由美香
校閲── 滄流社
編集担当── 北川恵子

《撮影協力》
AWABEES
UTUWA

ペットボトルと空き容器で作る

レトロ家電とミニ雑貨

著　者　宮市稔子
編集人　石田由美
発行人　永田智之
発行所　株式会社主婦と生活社
　　　　〒104-8357　東京都中央区京橋3-5-7
　　　　http://www.shufu.co.jp/
　　　　編集部　☎03-3563-5361　FAX 03-3563-0528
　　　　販売部　☎03-3563-5121
　　　　生産部　☎03-3563-5125
製版所　東京カラーフォト・プロセス株式会社
印刷所　大日本印刷株式会社
製本所　共同製本株式会社

ISBN978-4-391-15316-3

十分に気をつけながら造本していますが、万一、乱丁・落丁の場合は、お買い求めになった書店か小社生産部へご連絡ください。お取り替えいたします。
Ⓡ本書を無断で複写複製(電子化を含む)することは、著作権法上の例外を除き、禁じられています。
本書をコピーされる場合は、事前に日本複製権センター(JRRC)の許諾を受けてください。
また、本書を代行業者等の第三者に依頼してスキャンやデジタル化をすることは、たとえ個人や家庭内の利用であっても一切認められておりません。
JRRC(https://jrrc.or.jp　eメール:jrrc_info@jrrc.or.jp　☎03-3401-2382)

©宮市稔子　2019　Printed in Japan
※本書掲載作品の複製頒布、および販売はご遠慮ください。